KB206714

סבסטיא
سبسطية
Sabastia
עין דן
(ראש המעינות)
'EN DAN
(MAIN SPRING)
מעין הקארסט הגדול
במזרח התיכון. שפיעתו
כ-240 מליון קו"ב בשנה.
LARGEST KARST SPRING IN
THE MIDDLE EAST. FLOW
RATE - 240 MILLION CUBIC
METERS PER YEAR.
NAZARETH
Palestinian National Authority
السلطة الوطنية الفلسطينية
Police of Tourism
شرطة السياحة والآثار
Old Jericho
تل السلطان
מחירון תל שילה
ADMISSION FEES
CHILD/STUDENT/SOLDIER ש"ח 18 NI ילד/סטודנט/חייל
ADULT ש"ח 22 NI מבוגר
GUIDED TOUR ש"ח 250 NI הדרכה
8th STATION
VIA DOLOROSA
כורסי
كورسي
Kursi
7266
הר תבור
جبل الطور
Mt. Tabor
יד אבשלום
ياد أفشلوم
Absalom Pillar
המשעול האחרון
الممر الاخير
The Last Path
טיילת העופל
منتزه هعوفل
Ophel Promenade
שער הרחמים
باب الرحمة
Gate of Mercy
שילה הקדומה
Ancient Shilo
קרית ארבע
كريات اربع
Qiryat Arba
מערת המכפלה
الحرم الابراهيمي
Mechpelah Cave
KORAZIM
NATIONAL PARK
Welcome!
גן לאומי
כורזים
الحديقة الوطنية
كورازيم
הר הקפיצה
جبل القفزه
Mt Precipice
60
גוש עציון
جوش عتسيون
Gush Ezyon
קרית ארבע
كريات اربع
Qiryat Arba
באר שבע
Be er he
HORTVS GETHSEMANI
CATACOMBE
SAN SEBASTIANO
INGRESSO
OPENING HOURS 10.00 AM - 5.00 PM
VIA
APPIA ANTICA
جبل التجربة
1.3km
(دير قرنطل)
Mount of Temptation
הרודיון
هيروديون
HERODYON
65
עפולה
عفوله
Afula
65
טבריה
طبريا
Tiberias

가나안에서 로마까지

CANAAN to ROME

글/사진 이백호 목사 • 이근화 사모 공저
Rev. Baick Ho Lee • Keun Hwa Lee

Pacific Coast Mission Group

내가 곧 길이요
진리요 생명이니
나로 말미암지 않고는
아버지께로 올자가 없느니라 –요14:6

" I am the way, the truth, and the life! " Jesus answered.
"Without me, no one can go to the Father. -John14:6

빛과 생명의

The Way of Light and Life

복음은 하늘에서 땅끝으로

무궁화 정원의 새벽

무궁화 정원에서의 30년

이백호 목사 Rev. Baick Ho Lee

한성신학교 졸업, 충남 논산시 양촌면 신정교회 개척, 1971년 한국대학생 선교회(CCC) 간사 역임 청주지구, 속초, 춘천, 서울 중앙본부, 서울 동지구, 인천지구 대표간사 역임, 1985년 미국 이민, 뉴욕 동산 장로교회 전도사 취임, LA 서부 기독교회 목사안수, LA 갈보리 중앙교회 개척, American Theological Seminary 성서고고학 연구, PCMG(Pacific Coast Mission Group) 선교회 설립, PCMG KOREA 후원이사, 성지 사진 동호회 회장, 2013 베들레헴 예수탄생 세계음악축제 기획

저서

바울의 길 나의 길, 순례자의 길, 바이블 로드, 개혁자의 도전과 열정

이근화 사모 Keun Hwa Lee

한성신학교 졸업, 신정교회 전도사, 한마음교회 전도사

이백호 목사와 함께 갈보리 교회를 개척하여 어렵고 힘든 이민 성도들을 위로하며,
선교사의 어머니라 불리우리 만큼 선교사들에게 사랑을 베풀다가
간경화로 고생하시던 중 생명이 위독한 순간에 간 이식을 통해 고비는 넘겼으나
치매와 합병증으로 7년 동안 가족들의 보살핌을 받다가
2023년 8월 22일 하나님 품에 안겼다.

빛과 생명의 길

출처: BIBLE TIMES

만남에서 동행으로

어제와 같던 어느 봄날, 꽃 필 무렵
박근화 자매와 이은수 목사님
그리고 예수 그리스도와의 만남으로
가슴에 벅찬 설렘과 주님만을 의지하고
우리의 인생 순례길이 시작되었다.

그동안, 수정보다도 맑고 고운 아내는
가난도 아픔도 슬픈 이별도
오직 하나님의 뜻이라며 무릎 꿇고 또 꿇었다.

덧없이 흐르는 세월을 의식도 못 한 채
어느덧 중년에 이르렀다.

어느날
성경에 기록된 복음의 현장을 찾아
그 흔적만이라도 사진에 남겨보자 했더니
아내는 "하나님이 기뻐하시는 일이라면"하고
기도와 격려로 힘과 용기를 주었다.

그로 인해서
복음적 가치를 담은 '바울의 길 나의 길'과
'개혁자의 도전과 열정'을 출판하였다.
또한 그사이에 출판했던 소책자 '바이블로드'와
'순례자의 길'을 수정, 보완하여 재편집한
'빛과 생명의 길'을 출판했다.

금번 출판된 이 책은
아내의 적극적인 협력과
끊임없는 기도의 열매이다.
그래서 저자에 이근화의 이름을 올려
공저(共著 co·author) 하였다.

평생 빛과 그림자처럼 동행한 분들

신학생 시절부터 이백호 목사님과 박근화 사모님을 만났다. 그 당시에는 모두 총각, 처녀였다. 이들은 만나는 순간부터 밝고 맑은 다정한 모습이었으며 매사에 적극적이었다. 금년 85세가 넘어 가고 있는 지금까지 이들은 한평생 내 인생의 가장 가까운 동역자였다.

지난 세월 돌이켜보면 한성신학교에서 대전 지구 CCC대학생선교회 음악부에서, 청주지구 CCC에서, 뉴욕 동산장로교회에서 동고동락하며 함께 사역하였다.

이백호 목사님은 남다른 특별한 은사가 있었다. 어떤 사건과 사물을 통찰력 있게 분석하고 파헤치며 온몸으로 실천하는 특별한 은사를 받은 분이었고 박근화 사모님은 옆에서 폭넓게 잘 돕는 은사를 받은 분이었다.

> 그러므로 형제들아 내가 하나님의 모든 자비하심으로 너희를 권하노니 너희 몸을 하나님이 기뻐하시는 거룩한 산 제사로 드리라 이는 너희의 드릴 영적 예배니라(로마서 12:1)

그러기에 이백호 목사님과 박근화 사모님의 지난 세월의 삶은 하나님이 기뻐하시는 거룩한 산 제사로 드린 삶이요 성령의 열매를 풍성하게 맺는 삶이었다.

> 너희는 그리스도의 몸이요 지체의 각 부분이라(고린도전서 12:27)
> 오직 성령의 열매는 사랑과 희락과 화평과 오래 참음과 자비와 양선과 충성과 온유와 절제니 이같은 것을 금지할 법이 없느니라(갈라디아서 5:22~23)

그간 어려운 환경과 건강 악화로 여러번 생명의 위기를 겪으면서도 끝까지 포기하지 않고 여러 양서들을 출판하였고 이번에 "빛과 생명의 길"을 출간하게 된 것이다. 참으로 가정마다 소장하여 살아있는 성경의 역사를 체험하기를 소망한다. 이 책을 읽는 자마다 신앙생활에 큰 도움이 되기를 바라면서 축하를 드린다.

이은수 목사 Rev. Eunsu Lee
뉴욕 한인 동산장로교회 원로 목사, Ph.D. / D.Min.

인생 여정이 "빛과 생명의 길"이 되시기를

드디어 기다리던 귀한 책이 출간되었습니다. 성지순례의 필독서입니다. "빛과 생명의 길 : 가나안에서 로마까지"는 이백호 목사님(이근화 사모)께서 20여년 동안 이스라엘과 소아시아 그리고 이탈리아를 무수히 왕래한 각고의 결정체입니다. 저도 성지순례를 두 번 하였지만, 그 때마다 안내자의 제한된 설명에 의존할 뿐이었는데, 이렇게 생동감 있는 안내서가 좀 더 일찍 나왔더라면 얼마나 큰 도움이 되었을까 하는 아쉬움 마저 듭니다.

이 책의 부제, "말씀과 함께 순례하는 Photo Bible"이 말해주듯이 본 저서는 신구약 성경과 고고학적 고증을 토대로 저자 자신이 직접 촬영한 수백 장의 사진들로 구성되어, 그동안 사장되어 있던 장소들까지 샅샅이 찾아서 낱낱이 소개합니다.

본서는 4부로 구성되었습니다. 아브라함을 선두로 (1부) '족장들의 길목'에서 순례 여정을 시작하여, 이스라엘 백성의 40년 (2부) '광야 길'을 거쳐 파란만장의 왕국시대를 소개함으로써 메시아의 오시는 첩경을 닦는 여정을 보여주고, 하나님의 때가 차서 고대하던 메시아 예수 그리스도의 탄생으로 (3부) '생명의 길'이 열리게 되는 구원역사Salvation History의 전개를 생생하게 보여주는 것으로서 본서의 중심부를 이룹니다.

마지막 (4부)에서는 복음 들고 "예루살렘과 온 유대와 사마리아와 땅끝까지" 이르는 그리스도의 증인된 제자들, 특히 베드로와 바울의 발자취를 적나라하게 소개합니다. 당시 세계의 중심지였던 로마까지 복음 들고 '순교의 길'을 달려가 급기야 로마제국을 복음화 하는 것으로 순례여정의 막을 내립니다. 그러므로 본 서는 단지 성지순례의 안내서를 넘어, 독자들로 하여금 내가 지금 걷고 있는 순례 여정이 "빛과 생명의 길" 인지 재점검할 것을 암시합니다.

이미 성지순례를 다녀온 크리스천들에게는 그 아름다운 추억에 풍미를 더해줄 것이며, 성지순례를 아직 경험하지 못한 성도들에게는 직접 눈으로 보는 것 못지않게 선진들의 증인 된 행적을 생생하게 느낄 수 있습니다. 심지어 비 기독교인 일지라도 이 책을 통하여 예수 그리스도를 만나게 되는 은혜를 누리게 될 것입니다. 인생 여정이 "빛과 생명의 길"이 되기를 소원하는 모든 신앙 순례자들의 좋은 길잡이로서 본 저서를 추천합니다.

유 근희 목사 Rev. Geunhee Yu, Ph.D.
"그리스도를 따라 걷는 인생길 순례길" 저자
미주 교단 Christian Church (Disciples of Christ), NAPAD 전 실행목사

성경, 그 역사의 길목을 그대는 걷고 있는가?

태초에 말씀이 계시니라 이 말씀이 하나님과 함께 계셨으니 이 말씀은 곧 하나님이시니라 그가 태초에 하나님과 함께 계셨고 만물이 그로 말미암아 지은바 되었으니 지은것이 하나도 그가 없이는 된 것이 없느니라 그 안에 생명이 있었으니 이 생명은 사람들의 빛이라(요한복음John 1:1–4)

"역사와 비전이 없는 민족은 망한다"라는 말이 있다. 그런데 창조의 역사를 왜곡하거나 변질시키는 학설이 더러 있다. 게다가 성경 말씀을 왜곡하는 사례가 무수하다. 그래서 우연이나 진화가 아닌 창조의 흔적을 몸소 체험 하고자 각종 자료와 기록물들을 챙기고 길을 나선 지 어느덧 20여 년.

무엇보다 먼저 사도 바울의 발길을 따르기로 하고 흔적을 찾아 안디옥에서 루스드라에 도착했다. 노을 진 석양은 산봉우리에 잠시 머물다가 금세 어두워진다. 비록 산골이지만 마을 회관이 있어 잠자리를 부탁하고 방 한 칸을 얻어 여정을 풀었다.

'이곳 루스드라는 디모데의 고향이다'라고 생각하니 잠을 이룰 수가 없어 한참이나 뒤척이다 희미한 빛의 그림자가 창가에 그려져 웬일인가 하고 창문을 통해 하늘을 보았다. 그런데 초저녁인데도 아~ 하늘은, 수많은 별이 하늘 캔버스에 박힌 다이아몬드처럼 손에 잡힐 듯 뿌려져 영롱한 빛을 쏟아내고 있다. 보이는 것은 오직 반짝이는 별뿐인데 어찌나 화려하고 황홀한지, 와! 하는 순간 그 별빛이 내 상한 심장에 스며들어 잔잔히 요동케 한다.

창조의 세계는 참으로 아름답고 경이롭다. 물기 없는 사막에도 생명이 있고, 빙하가 녹아내린 빈 들에도 꽃은 피고, 하늘에는 수많은 새가 노래하며 날갯짓한다. 녹색의 숲속에는 야생이 숨 쉬고 있으며, 계절에 따라 눈비가 내리고, 들이나 산골에는 각종 수목과 과목이 꽃피어 열매 맺으며 강물과 바다에는 각종 각색의 생명들이 창조의 질서, 곧 자연의 법칙에 따라 순응하고 있다.

날이 밝아오자, 어디선가 꼬끼오! 하는 소리가 선잠을 깨운다. 이 소리 역시 창조 때의 소리와 전혀 변함이 없을 것이다. 더불어 우주의 유일한 초록별, 이 땅에는 흙으로 지어진 아담의 후손들이, 자연을 지배하며 먹고 마시며 취하다가 어느새 늙고 병들어 육체가 시들면, 이슬이나 안개처럼 사라진다. 이것이 인생이다. 그러나 인간에 대한 또 다른 하나님의 놀라운 계획이 있다.

> 여호와께서 아브람에게 이르시되 너는 너의 본토 친척 아비 집을 떠나 내가 네게 지시할 땅으로 가라 내가 너로 큰 민족을 이루고 네게 복을 주어 네 이름을 창대케 하리니 너는 복의 근원이 될찌라(창세기Gen 12:1~2)

말씀에 따라 족장의 길목에 들어서면 반드시 예수 그리스도와 만나게 되는 엄청난 횡재. 이토록 소망스럽고 값진 복음을 누구와도 함께 나누고 싶은 마음으로 지금까지 수집한 자료와 사진들을 간추려 "빛과 생명의 길"이란 제목을 붙여 정리해 보았다. 참으로 기적과 같은 일이다. 편집을 위해 수고한 방경석 집사와 관심을 갖고 교정해 주신 유근희 목사에게 진심으로 감사한다.

이 일을 계획해 주시고 이루게 하여 주신 하나님께 온 마음으로 감사와 찬송을 드린다.

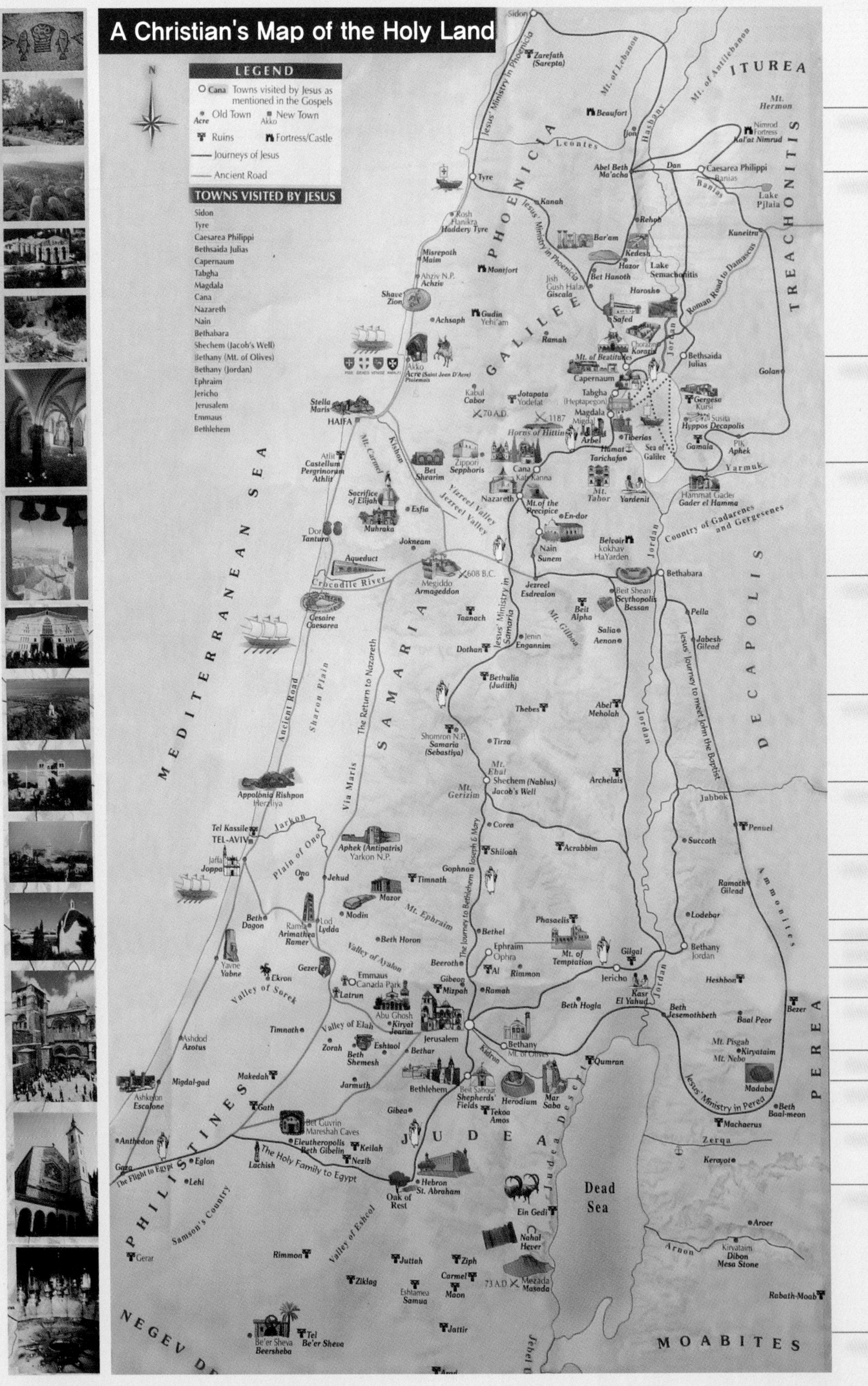

A Christian's Map of the Holy Land
LEGEND
Cana Towns visited by Jesus as mentioned in the Gospels
Acre Old Town
Akko New Town
Ruins
Fortress/Castle
Journeys of Jesus
Ancient Road
TOWNS VISITED BY JESUS
Sidon
Tyre
Caesarea Philippi
Bethsaida Julias
Capernaum
Tabgha
Magdala
Cana
Nazareth
Nain
Bethabara
Shechem (Jacob's Well)
Bethany (Mt. of Olives)
Bethany (Jordan)
Ephraim
Jericho
Jerusalem
Emmaus
Bethlehem
N
MEDITERRANEAN SEA
PHOENICIA
GALILEE
SAMARIA
JUDEA
PHILISTINES
NEGEV
ITUREA
TRACHONITIS
DECAPOLIS
PEREA
MOABITES
Sidon
Zarefath (Sarepta)
Jesus' Ministry in Phoenicia
Mt. of Lebanon
Mt. of Antilebanon
Mt. Hermon
Beaufort
Ijon
Hasbany
Leontes
Nimrod Fortress
Kal'at Nimrud
Abel Beth Ma'acha
Dan
Caesarea Philippi
Banias
Lake Pjlaia
Tyre
Kanah
Rosh Hanikra
Haddery Tyre
Rehob
Bar'am
Kedesh
Hazor
Lake Semachonitis
Kuneitra
Roman Road to Damascus
Misrepoth Maim
Montfort
Bet Hanoth
Achziv N.P.
Achzive
Jish
Gush Halav
Giscala
Harosh
Shavei Zion
Gudin
Yehi'am
Safed
Achsaph
Ramah
Korazim
Mt. of Beatitudes
Jordan
Bethsaida Julias
Akko
Acre (Saint Jean D'Acre)
Ptolemais
Capernaum
Golan
Kabul
Cabor
Jotapata
Yodefat
Tabgha (Heptapegon)
Gergesa
Kursi
Stella Maris
HAIFA
70 A.D.
1187
Magdala
Migdal
Horns of Hittin
Arbel
Tiberias
Susita
Hippos Decapolis
Hamat
Tarichafa
Sea of Galilee
Gamala
Aphek
Atlit
Castellum Pergrinorum
Athlit
Mt. Carmel
Kishon
Bet Shearim
Zippori
Sepphoris
Cana
Kafr Kanna
Yarmuk
Mt. Tabor
Yardenit
Hammat Gader
Gader el Hamma
Sacrifice of Elijah
Esfia
Nazareth
Mt. of the Precipice
En-dor
Yizreel Valley
Jezreel Valley
Muhraka
Country of Gadarenes and Gergesenes
Dor
Tantura
Jokneam
Nain
Sunem
Belvoir
kokhav HaYarden
Aqueduct
608 B.C.
Bethabara
Crocodile River
Megiddo
Armageddon
Jezreel
Esdrealon
Beit Shean
Scythopolis
Bessan
Cesaire
Caesarea
Taanach
Beit Alpha
Mt. Gilboa
Pella
Jesus' Ministry in Samaria
Salia
Aenon
Jenin
Engannim
Jabesh-Gilead
Dothan
Jesus' Journey to meet John the Baptist
Bethulia (Judith)
Sharon Plain
Ancient Road
The Return to Nazareth
Thebes
Abel Meholah
Jordan
Shomron N.P.
Samaria (Sebastiya)
Tirza
Via Maris
Mt. Ebal
Shechem (Nablus)
Jacob's Well
Mt. Gerizim
Archelais
Appolonia Rishpon
Herzliya
Jabbok
Tel Kassile
TEL-AVIV
Yarkon
Corea
Penuel
Plain of Ono
Jaffa
Joppa
Aphek (Antipatris)
Yarkon N.P.
Shiloah
Joseph & Mary
Acrabbim
Succoth
Ono
Jehud
Gophna
Timnath
Mazor
Ramoth Gilead
Ammonites
Beth Dagon
Lod
Lydda
Modin
Mt. Ephraim
Phasaelis
Lodebar
Ramla
Arimathea
Ramer
Beth Horon
The Journey to Bethlehem
Bethel
Ephraim
Ophra
Mt. of Temptation
Gilgal
Bethany Jordan
Valley of Ayalon
Yavne
Yabne
Gezer
Ekron
Emmaus
Canada Park
Beeroth
Ai
Rimmon
Jericho
Heshbon
Valley of Sorek
Latrun
Gibeon
Mizpah
Ramah
Kasr El Yahud
Abu Ghosh
Kiryat Jearim
Beth Hogla
Beth Jesemothbeth
Bezer
Baal Peor
Timnath
Valley of Elah
Jerusalem
Bethany
Mt. of Olives
Kidron
Ashdod
Azotus
Zorah
Eshtaol
Bethar
Beth Shemesh
Qumran
Mt. Pisgah
Kiryataim
Mt. Nebo
Ashkelon
Escalone
Migdal-gad
Makedah
Jarmuth
Bethlehem
Beit Sahour
Shepherds' Fields
Herodium
Mar Saba
Judea Desert
Madaba
Jesus' Ministry in Perea
Beth Baal-meon
Gath
Gibea
Tekoa
Amos
Machaerus
Bet Guvrin
Mareshah Caves
Anthedon
Eleutheropolis
Beth Gibelin
Keilah
Zerqa
Gaza
The Flight to Egypt
Eglon
Lachish
Nezib
The Holy Family to Egypt
Kerayot
Lehi
Hebron
St. Abraham
Oak of Rest
Dead Sea
Samson's Country
Valley of Eshcol
Ein Gedi
Aroer
Nahal Hever
Arnon
Kiryataim
Dibon
Mesa Stone
Gerar
Rimmon
Juttah
Ziph
Carmel
Ziklag
Eshtamoa
Samua
Maon
73 A.D.
Mezada
Masada
Rabath-Moab
Jattir
Be'er Sheva
Beersheba
Tel Be'er Sheva
Arad

· 헐몬산 Mt. Hermon

· 단 Dan · 가이사랴 빌립보 Caesarea Philippi

· 고라신 Korazin · 벳세다 Bethsaida Julias
· 가버나움 Capernaum (팔복교회, 베드로 수위권 교회, 오병이어교회)
· 거라사 Kursi · 갈릴리 바다 Sea of Galilee
· 지포리 Zippori · 가나 Cana · 다볼산(변화산) Mt. Tabor
· 나사렛 Nazareth (절벽산)
· 나인성 Nain
· 벳산 Beit Shean
· 가이사랴 Cesaire/Caesarea

· 사마리아 SAMARIA

· 세겜 Shechem

· 실로 Shiloah

· 벧엘 Bethel
· 에브라임 Ephraim · 여리고 Jericho (삭게오 뽕나무) · 시험산 Mt. of Temptation · 길갈 Gilgal
· 아야론 골짜기 Valley of Ayalon · 엠마오 Emmaus · 기브온 Gibeon
· 예루살렘 Jerusalem (십자가의 길, 마지막 길, 베데스다 연못, 감람산 겟세마네 동산
주기도문교회, 눈물교회, 다메섹 문, 스데반 문)
· 벧세메스 Beth Shemesh · 베다니 Bethany · 벳바게 · 쿰란 Qumran
· 베들레헴 Bethlehem (목자들의 들판교회) · 헤로디온 Herodium
· 벧 구브린 Bet Guvrin

· 헤브론 Hebron · 사해 Dead Sea
· 엔게디 Ein Gedi
· 마사다 Mezada/Masada

· 브엘세바 Be'er Sheva/Beersheba

빛과 생명의 길

The Way of Light and Life

프롤로그

1부 족장의 길

2부 광야의 길

3부 생명의 길

4부 순교의 길

해가 지고 어둠이 오면 가끔 이런 생각을 한다. 나는 누구며 어디서 와서 어디로 가는가? 밤하늘의 별들은 언제부터 반짝이고 있었을까? 바닷물은 어째서 짤까? 꽃의 향기와 바람은 보이질 않고, 소리는 들리는데 만질 수가 없다. 이 모든 것이 참으로 궁금했다. 그러나 성경 말씀에는 하나님이, 혼란과 흑암의 궁창에서 빛을 만드셨고, 하늘과 땅과 물에는 온갖 생명체를 만들어 생육하고 번성하여 땅에 충만 하도록 자연의 법칙을 세우셨다고 했다. 그리고 이 모든 것을 다스리게, 흙으로 사람을 만들었다. 그때 첫 사람 아담이 독처하는 것이 좋지 않아 그의 갈빗대 하나를 취하여 여자를 만들어 아담에게 주어 그의 배필이 되게 했다고 기록되어 있다.

흑암과 무한의 공간에서

태초에 하나님이 천지를 창조하시니라(창세기1:1)

하나님이 가라사대 우리의 형상을 따라 우리의 모양대로 우리가 사람을 만들고 그로 바다의 고기와 공중의 새와 육축과 온 땅과 땅에 기는 모든 것을 다스리게 하자 하시고 하나님이 자기 형상 곧 하나님의 형상대로 사람을 창조하시되 남자와 여자를 창조하시고 하나님이 그들에게 복을 주시며 그들에게 이르시되 생육하고 번성하여 땅에 충만하라, 땅을 정복하라, 바다의 고기와 공중의 새와 땅에 움직이는 모든 생물을 다스리라 하시니라 하나님이 가라사대 내가 온 지면의 씨 맺는 모든 채소와 씨 가진 열매 맺는 모든 나무를 너희에게 주노니 너희 식물이 되리라 또 땅의 모든 짐승과 공중의 모든 새와 생명이 있어 땅에 기는 모든 것에게는 내가 모든 푸른 풀을 식물로 주노라 하시니 그대로 되니라 (창세기Gen1:26-30)

이토록 아름다운 그 땅을 우리는 에덴Eden이라 부른다. 그런데 간교한 뱀이 여자에게 슬며시 나타나 하나님의 명령을 어기도록 속삭이자, 그 유혹을 이기지 못하고 선악과를 따먹어 결국 두 사람은 에덴에서 쫓겨나 죽을 수밖에 없었다. 그러나 하나님과의 관계를 다시 회복할 수 있다는 또 하나의 길이 있다고 성경은 말씀하고 있다.

예수께서 가라사대 내가 곧 길이요 진리요 생명이니 나로 말미암지 않고는 아버지께로 올 자가 없느니라(요한복음John14:6)

말씀과 함께 순례하는

Photo Bible

사마리아

1부

족장의 길

1 · 사마리아 Samaria 가나안의 첫 동네

너는 내가 네게 지시할 땅으로 가라

여호와께서 아브람에게 이르시되 너는 너의 본토 친척 아비 집을 떠나 내가 네게 지시할 땅으로 가라 내가 너로 큰 민족을 이루고 네게 복을 주어 네 이름을 창대케 하리니 너는 복의 근원이 될찌라 너를 축복하는 자에게는 내가 복을 내리고 너를 저주하는 자에게는 내가 저주하리니 땅의 모든 족속이 너를 인하여 복을 얻을 것이니라 하신지라 이에 아브람이 여호와의 말씀을 좇아 갔고 롯도 그와 함께 갔으며 아브람이 하란을 떠날 때에 그 나이 칠십 오세였더라(창세기Gen 12:1~4)

여호와 하나님의 약속과 새로운 이름 아브람에서 아브라함으로

나사렛에서 국도 60번을 타고 30km 정도 남쪽으로 내려가면 사마리아 산지가 나오고 그리심산과 에발산 사이 분지에 세겜과 사마리아 성터가 있다. 이 길 사마리아 산지 길을 족장의 길이라 하고 계속 남으로 내려가면 예루살렘과 베들레헴 그리고 헤브론에 이른다.

아브라함과 데라의 고향 갈대아 우르는 수메르 땅이며 유프라테스와 티그리스강 사이의 비옥한 토지이다. 거기는 메소포타미아 문명의 발상지이기도 하다. 그곳에 살던 데라는 우상을 만드는 장인이었으며 그의 나이 70세에 아브람과 나홀과 하란을 낳았다. 데라는 가나안 땅으로 가기 위해 사래와 아브람 그리고 롯을 데리고 하란으로 이주한다.

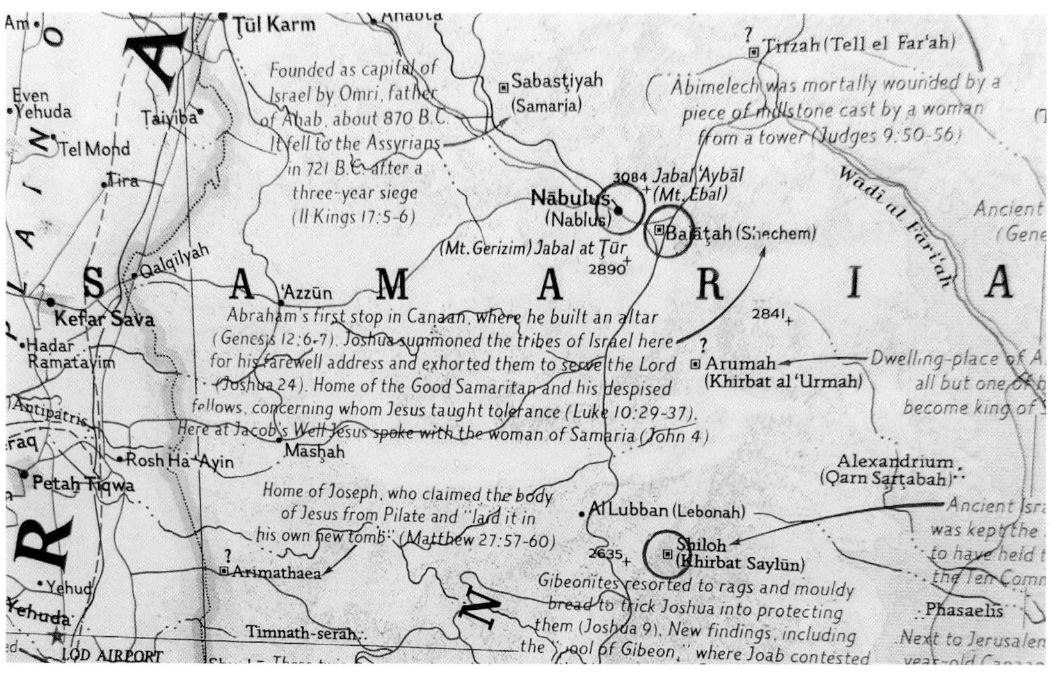

아브람이 그 아내 사래와 조카 롯과 하란에서 모은 모든 소유와 얻은 사람들을 이끌고 가나안 땅으로 가려고 떠나서 마침내 가나안 땅에 들어 갔더라 아브람이 그 땅을 통과하여 세겜 땅 모레 상수리나무에 이르니 그 때에 가나안 사람이 그 땅에 거하였더라 여호와께서 아브람에게 나타나 가라사대 내가 이 땅을 네 자손에게 주리라 하신지라 그가 자기에게 나타나신 여호와를 위하여 그곳에 단을 쌓고 거기서 벧엘 동편 산으로 옮겨 장막을 치니 서는 벧엘이요 동은 아이라 그가 그곳에서 여호와를 위하여 단을 쌓고 여호와의 이름을 부르더니 점점 남방으로 옮겨 갔더라 그 땅에 기근이 있으므로 아브람이 애굽에 우거하려 하여 그리로 내려갔으니 이는 그 땅에 기근이 심하였음이라 (창세기Gen 12:1~10)

기근으로 인해 애굽으로 갔던 아브람은 다시 가나안 땅으로 돌아와 아브람이 처음 단을 쌓았던 벧엘에 머물게 된다.

아브람이 애굽에서 나올새 그와 그 아내와 모든 소유며 롯도 함께하여 남방으로 올라가니 아브람에게 육축과 은금이 풍부하였더라 그가 남방에서부터 발행하여 벧엘에 이르며 벧엘과 아이 사이 전에 장막 쳤던 곳에 이르니 그가 처음으로 단을 쌓은 곳이라 그가 거기서 여호와의 이름을 불렀더라 아브람의 일행 롯도 양과 소와 장막이 있으므로 그 땅이 그들의 동거함을 용납지 못하였으니 곧 그들의 소유가 많아서 동거할 수 없었음이라(창세기Gen 13:1~6)

이곳에서 아브람은 부족한 토지로 인해 롯과 분쟁이 생기자 조카 롯을 소돔과 고모라로 떠나보내고 가나안에 머물다가 헤브론으로 이주하게 된다.

롯이 아브람을 떠난 후에 여호와께서 아브람에게 이르시되 너는 눈을 들어 너 있는 곳에서 동서남북을 바라보라 보이는 땅을 내가 너와 네 자손에게 주리니 영원히 이르리라 내가 네 자손으로 땅의 티끌 같게 하리니 사람이 땅의 티끌을 능히 셀 수 있을찐대 네 자손도 세리라 너는 일어나 그 땅을 종과 횡으로 행하여 보라 내가 그것을 네게 주리라 이에 아브람이 장막을 옮겨 헤브론에 있는 마므레 상수리 수풀에 이르러 거하며 거기서 여호와를 위하여 단을 쌓았더라(창세기Gen 13:14~18)

소돔에 거하던 조카 롯이 전쟁에 휘말려 사로잡히자, 헤브론마므레에 거하던 아브람이 단까지 좇아가서 롯과 그 가족들을 구하고 돌아온 후에 하나님께서는 다시 아브람에게 언약의 말씀을 하셨다.

이 후에 여호와의 말씀이 이상 중에 아브람에게 임하여 가라사대 아브람아 두려워 말라 나는 너의 방패요 너의 지극히 큰 상급이니라 아브람이 가로되 주 여호와여 무엇을 내게 주시려나이까 나는 무자하오니 나의 상속자는 이 다메섹 엘리에셀이니이다 아브람이 또 가로되 주께서 내게 씨를 아니주셨으니 내 집에서 길리운 자가 나의 후사가 될것이니이다 여호와의 말씀이 그에게 임하여 가라사대 그 사람은 너의 후사가 아니라 네 몸에서 날 자가 네 후사가 되리라 하시고 그를 이끌고 밖으로 나가 가라사대 하늘을 우러러 뭇별을 셀 수 있나 보라 또 그에게 이르시되 네 자손이 이와 같으리라 아브람이 여호와를 믿으니 여호와께서 이를 그의 의로 여기시고 또 그에게 이르시되 나는 이 땅을 네게 주어 업을 삼게 하려고 너를 갈대아 우르에서 이끌어낸 여호와로라(창세기Gen 15:1~7)

내가 너와 내 언약을 세우니 너는 열국의 아비가 될찌라 이제 후로는 네 이름을 아브람이라 하지 아니하고 아브라함이라 하리니 이는 내가 너로 열국의 아비가 되게 함이니라 내가 너로 심히 번성케 하리니 나라들이 네게로 좇아 일어나며 열왕이 네게로 좇아 나리라 내가 내 언약을 나와 너와 네 대대 후손의 사이에 세워서 영원한 언약을 삼고 너와 네 후손의 하나님이 되리라 (창세기Gen 17:4~8)

솔로몬의 뒤를 이은 르호보함 시대에 왕국이 분열되어 르호보암과 유다, 베냐민 지파가 남왕국 유다를, 여로보암을 중심으로 열지파가 북왕국 이스라엘을 세웠다. 여로보함은 북 왕국 이스라엘의 왕이 된 후에 사마리아 산지 세겜에 왕도를 세웠으나 여호와 하나님을 섬기지 아니하고 이방신 바알과 아세라 목상 그리고 금송아지를 만들어 벧엘과 단에 제단을 쌓아 분향하는 악을 범한다. 그가 우상을 만들어 섬긴 이유는 북왕국 백성들이 여호와께 제사하러 예루살렘에 올라가는 것을 막기 위함이었다. 여로보암은 죽고 왕국은 새로운 왕들이 다스렸지만 모두 하나님께 범죄하였다. 특별히 오므리의 뒤를 이어 왕이 된 아합은 22년 동안 악을 행하여 하나님 여호와의

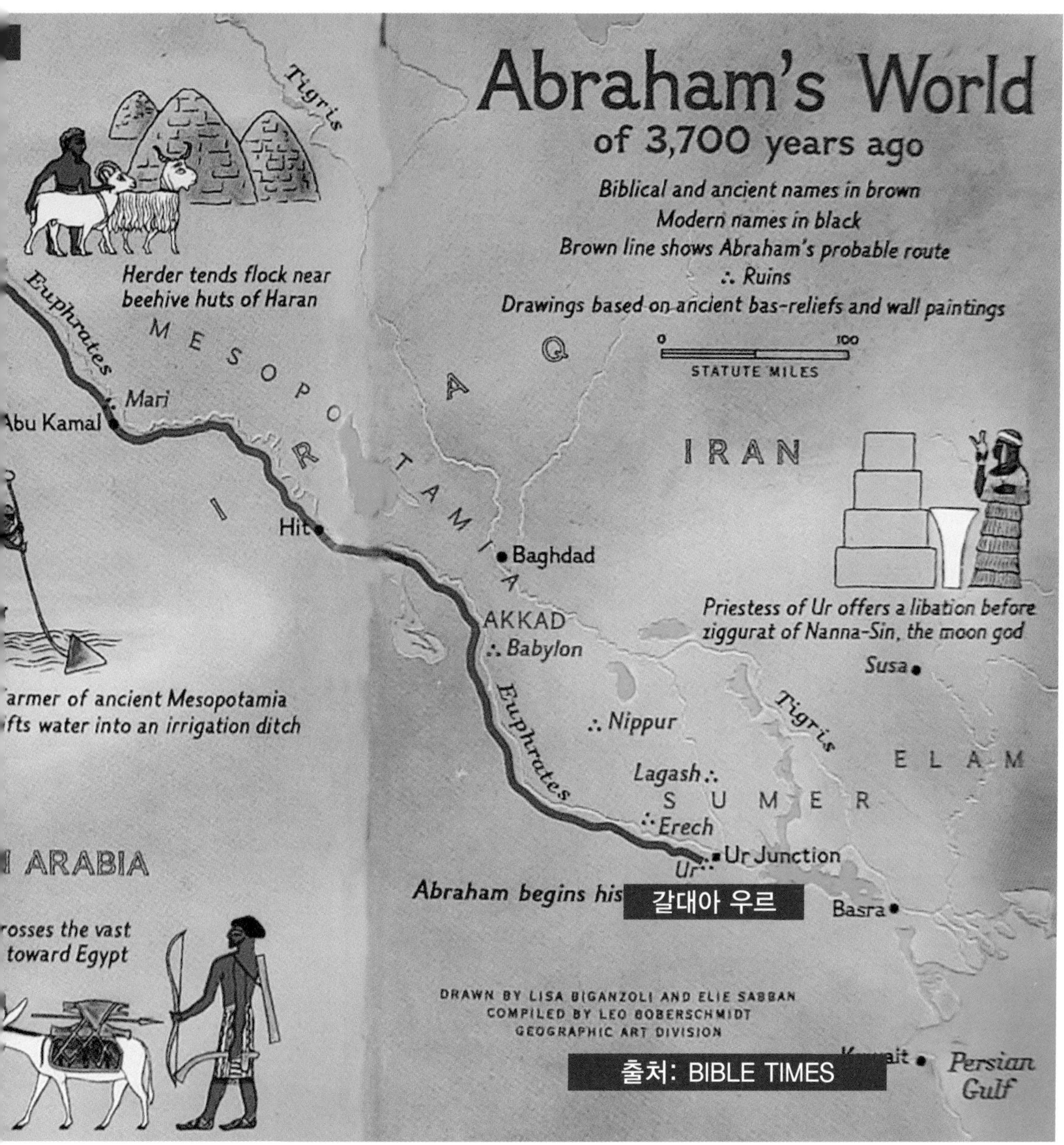

노를 심히 격발케 하였다.왕상 16:30~33

세월이 흘러 엘라의 아들 호세아가 왕이 되어 9년을 치리하던 중 앗수르 왕 살만에셀이 사마리아를 침공하였으며 호세아는 3년을 버티다가 끝내 굴복하였다BC724~712. 당시 살만에셀은 사마리아 사람들을 앗수르로 끌고 가서 여러 지역으로 분산시켜 버렸다. 텅 빈 사마리아 성에는 앗수르 사람들로 채워져 새로운 주인이 되었으며 사마리아 땅은 앗수르 인과 혼합된 이방족이 되었다.

이후, 애굽Egypt과 바벨론Babylon에 의해 예루살렘Jerusalem성은 초토화되었으며 유능한 백성들은 포로가 되어 바벨론으로 끌려갔다. 우여곡절 끝에 느헤미야Nehemiah의 간절한 기도로 다시 예루살렘으로 돌아와 성을 재건하였으나, 로마Rome의 침공으로 또다시 성은 무너졌고 유대 백성들은 살길을 찾아 세계를 유랑하는 집시가 되었다. 그러다 1948년 5월 14일세계 2차 대전 이후, 북이스라엘과 남유다를 포함 이스라엘ISRAEL이란 국명으로 새롭게 독립되었다.

사마리아 산지에는 무너지고 빛바랜 유적들이 사라진 역사를 말없이 증거하고 있다. 그것은 아브라함의 후손들이 흘리고 간 역사의 흔적과 부족 사회에서 왕국 시대로 그리고 로마 시대까지

오므리 왕궁터

사마리아의 로마인 유적이 있는 마을

의 유적들이다. 바로 이곳 사마리아 산지의 옛 성터에는 여로보암의 상아 궁전과 오므리왕의 왕궁터, 로마인들의 야외극장과 아고라 그리고 헤롯의 요새 등 역사의 유물들이 즐비하다.

로마인의 야외극장

헤롯 궁터

2· 헤브론 Hebron

예루살렘에서 남방으로 36km 떨어진 지점에 있는 헤브론은 베들레헴과 헤로디움을 지나 30분이면 넉넉히 갈 수 있다. 헤브론의 옛 이름 기럇아르바는 아낙 자손들이 살고 있던 옛 도성이다.수 14:15 헤브론에 정착한 아브람은 99세에 하나님께 아브라함이라 불리며 100세에 아들 이삭을 낳아 열국의 아비가 될 것을 약속받았다. 이때 사래도 열국의 어미라는 뜻으로 사라로 불리워진다.

> 아브람의 구십 구세 때에 여호와께서 아브람에게 나타나서 그에게 이르시되 나는 전능한 하나님이라 너는 내 앞에서 행하여 완전하라 내가 내 언약을 나와 너 사이에 세워 너로 심히 번성케 하리라 하시니 아브람이 엎드린대 하나님이 또 그에게 일러 가라사대 내가 너와 내 언약을 세우니 너는 열국의 아비가 될찌라 이제 후로는 네 이름을 아브람이라 하지 아니하고 아브라함이라 하리니 이는 내가 너로 열국의 아비가 되게 함이니라(창세기Gen 17:1~5)

아브라함이 마므레 상수리 수풀 근처 장막에서 하나님의 사람들을 만나 그들을 영접하였을 때 그들이 사라가 아기를 낳을 것을 축복하였고 소돔과 고모라의 멸망을 예언하였다. 아브라함은 조카 롯을 생각하여 탄원하였으나 소돔과 고모라에 의인 열 사람이 없음으로 인하여 그 성은 멸망하였고 하나님께서 아브라함을 생각하사 롯의 가족만 구원받았다.

막벨라 굴이 있는 헤브론

"I will fetch a morsel of bread"

여호와께서 마므레 상수리 수풀 근처에서 아브라함에게 나타나시니라 오정 즈음에 그가 장막 문에 앉았다가 눈을 들어 본즉 사람 셋이 맞은편에 섰는지라 그가 그들을 보자 곧 장막 문에서 달려나가 영접하며 몸을 땅에 굽혀 가로되 내 주여 내가 주께 은혜를 입었사오면 원컨대 종을 떠나 지나가지 마옵시고 물을 조금 가져오게 하사 당신들의 발을 씻으시고 나무 아래서 쉬소서(창세기Gen 18:1~4)

여호와께서 또 가라사대 소돔과 고모라에 대한 부르짖음이 크고 그 죄악이 심히 중하니 내가 이제 내려가서 그 모든 행한 것이 과연 내게 들린 부르짖음과 같은지 그렇지 않은지 내가 보고 알려하노라 그 사람들이 거기서 떠나 소돔으로 향하여 가고 아브라함은 여호와 앞에 그대로 섰더니 가까이 나아가 가로되 주께서 의인을 악인과 함께 멸하시려나이까 그 성중에 의인 오십이 있을찌라도 주께서 그 곳을 멸하시고 그 오십 의인을 위하여 용서치 아니하시리이까 주께서 이같이 하사 의인을 악인과 함께 죽이심은 불가하오며 의인과 악인을 균등히 하심도 불가하니이다 세상을 심판하시는 이가 공의를 행하실 것이 아니니이까 여호와께서 가라사대 내가 만일 소돔 성중에서 의인 오십을 찾으면 그들을 위하여 온 지경을 용서하리라 아브라함이 말씀하여 가로되 티끌과 같은 나라도 감히 주께 고하나이다 오십 의인 중에 오인이 부족할 것이면 그 오

마므레 상수리 나무

인 부족함을 인하여 온 성을 멸하시리이까 가라사대 내가 거기서 사십 오인을 찾으면 멸하지 아니하리라 아브라함이 또 고하여 가로되 거기서 사십인을 찾으시면 어찌 하시려나이까 가라사대 사십인을 인하여 멸하지 아니하리라.아브라함이 또 가로되 주는 노하지 마옵소서 내가 이번만 더 말씀하리이다 거기서 십인을 찾으시면 어찌 하시려나이까 가라사대 내가 십인을 인하여도 멸하지 아니하리라 여호와께서 아브라함과 말씀을 마치시고 즉시 가시니 아브라함도 자기 곳으로 돌아갔더라(창세기Gen 18:20~33)

헤브론 사원

후에 사라가 헤브론에서 죽었을 때 막벨라 굴을 사서 장사하였다. 이곳에는 아브라함과 사라, 이삭과 야곱, 그리고 리브가와 레아가 묻혀있다.

그 후에 아브라함이 그 아내 사라를 가나안 땅 마므레 앞 막벨라 밭 굴에 장사하였더라 마므레는 곧 헤브론이라(창세기Gen 23:19)

이에 이스라엘 모든 장로가 헤브론에 이르러 왕에게 나아오매 다윗왕이 헤브론에서 여호와 앞에서 저희와 언약을 세우매 저희가 다윗에게 기름을 부어 이스라엘 왕을 삼으니라 다윗이 삼십세에 위에 나아가서 사십년을 다스렸으되 헤브론에서 칠년 육개월 동안 유다를 다스렸고 예루살렘에서 삼십 삼년 동안 온 이스라엘과 유다를 다스렸더라(사무엘하2Sam 18:20~33)

지금 이스라엘 정부는 팔레스타인 자치구인 이곳 헤브론에 유대인 정착촌을 건설하여 얼마 안 되는 이스라엘 사람들을 보호하기 위해 군인들을 파견하여 경계하고 있어 막벨라 굴에도 들

어갈 수 없다. 헤브론 사원에 들어가는 관광객들의 얼굴에도 기대감 보다 긴장감이 서려 있다.

이곳은 과연 성경의 예언대로 철조망과 콘크리트 장벽으로 둘러싸여 있고 아랍인과 이스라엘인 간의 분쟁을 감시하는 유엔 감시단까지 인적이 드문 거리를 활보하고 있다.

> 하나님이 아브라함에게 이르시되 네 아이나 네 여종을 위하여 근심치 말고 사라가 네게 이른 말을 다 들으라 이삭에게서 나는 자라야 네 씨라 칭할 것임이니라 그러나 여종의 아들도 네 씨니 내가 그로 한 민족을 이루게 하리라 하신지라(창세기Gen 21:12~13)

철조망과 장벽으로 둘러쌓인 도시 헤브론

3• 브엘세바 Beer -Sheba

이스라엘의 남부 메마른 네게브 사막의 중심지인 브엘세바는 성경에서 '단에서 브엘세바까지' 라는 표현대로 이스라엘의 남단을 상징하는 지역이다. 아브라함에게 버림받은 하갈의 통곡이 울

려 퍼지던 이곳에서 하나님께서는 이스마엘을 통한 새로운 민족의 탄생을 알리셨고 아브라함을 같은 조상으로 두는 아랍과 이스라엘의 역사가 시작된 곳이기도 하다.

하갈이 아들 이스마엘로 인해 통곡했던 브엘세바

하갈의 통곡

사라가 본즉 아브라함의 아들 애굽 여인 하갈의 소생이 이삭을 희롱하는지라 그가 아브라함에게 이르되 이 여종과 그 아들을 내어쫓으라 이 종의 아들은 내 아들 이삭과 함께 기업을 얻지 못하리라 하매 아브라함이 그 아들을 위하여 그 일이 깊이 근심이 되었더니 하나님이 아브라함에게 이르시되 네 아이나 네 여종을 위하여 근심치 말고 사라가 네게 이른 말을 다 들으라 이삭에게서 나는 자라야 네 씨라 칭할 것임이니라 그러나 여종의 아들도 네 씨니 내가 그로 한 민족을 이루게 하리라 하신지라

아브라함이 아침에 일찌기 일어나 떡과 물 한 가죽부대를 취하여 하갈의 어깨에 메워 주고 그 자식을 이끌고 가게 하매 하갈이 나가서 브엘세바 들에서 방황하더니 가죽부대의 물이 다한지라 그 자식을 떨기나무 아래 두며 가로되 자식의 죽는 것을 참아 보지 못하겠다 하고 살 한 바탕쯤 가서 마주 앉아 바라보며 방성대곡하니 하나님이 그 아이의 소리를 들으시므로 하나님의 사자가 하늘에서부터 하갈을 불러 가라사대 하갈아 무슨 일이냐 두려워 말라 하나님이 저기 있는 아이의 소리를 들으셨나니 일어나 아이를 일으켜 네 손으로 붙들라 그로 큰 민족을 이루게 하리라 하시니라 하나님이 하갈의 눈을 밝히시매 샘물을 보고 가서 가죽부대에 물을 채워다가 그 아이에게 마시웠더라(창세기Gen 21:9~19)

족장의 우물

브엘세바란 이름은 블레셋 족속과 우물을 둘러싸고 생긴 분쟁을 해결하는 과정에서, 아비멜렉과 아브라함이 언약을 세우고 맹세함에 따라 서약의 우물이라는 뜻으로 지어진 지명이다. 아브라함의 아들 이삭도 우물로 인하여 블레셋 족속과 분쟁이 있었으나 하나님께서는 아브라함뿐만 아니라 이삭에게도 번영의 약속을 하셨고 이삭도 이곳에 우물을 파고 장막을 지어 생활하였다.

아비멜렉의 종들이 아브라함의 우물을 늑탈한 일에 대하여 아브라함이 아비멜렉을 책망하매 아비멜렉이 가로되 누가 그리하였는지 내가 알지 못하노라 너도 내게 고하지 아니하였고 나도 듣지 못하였더니 오늘이야 들었노라 아브라함이 양과 소를 취하여 아비멜렉에게 주고 두 사람이 서로 언

약을 세우니라 아브라함이 일곱 암양 새끼를 따로 놓으니 아비멜렉이 아브라함에게 이르되 이 일곱 암양 새끼를 따로 놓음은 어찜이뇨 아브라함이 가로되 너는 내 손에서 이 암양 새끼 일곱을 받아 내가 이 우물 판 증거를 삼으라 하고 두 사람이 거기서 서로 맹세하였으므로 그곳을 브엘세바라 이름하였더라 그들이 브엘세바에서 언약을 세우매 아비멜렉과 그 군대장관 비골은 떠나 블레셋 족속의 땅으로 돌아갔고 아브라함은 브엘세바에 에셀나무를 심고 거기서 영생하시는 하나님 여호와의 이름을 불렀으며 그가 블레셋 족속의 땅에서 여러날을 지내었더라(창세기Gen 21:25~34)

이삭이 그 땅에서 농사하여 그 해에 백배나 얻었고 여호와께서 복을 주시므로 그 사람이 창대하고 왕성하여 마침내 거부가 되어 양과 소가 떼를 이루고 노복이 심히 많으므로 블레셋 사람이 그를 시기하여 그 아비 아브라함 때에 그 아비의 종들이 판 모든 우물을 막고 흙으로 메웠더라 아비멜렉이 이삭에

복원중인 브엘세바

게 이르되 네가 우리보다 크게 강성한즉 우리를 떠나가라 이삭이 그곳을 떠나 그랄 골짜기에 장막을 치고 거기 우거하며 그 아비 아브라함 때에 팠던 우물들을 다시 팠으니 이는 아브라함 죽은 후에 블레셋 사람이 그 우물들을 메웠음이라 이삭이 그 우물들의 이름을 그 아비의 부르던 이름으로 불렀더라 이삭의 종들이 골짜기에 파서 샘 근원을 얻었더니 그랄 목자들이 이삭의 목자와 다투어 가로되 이 물은 우리의 것이라 하매 이삭이 그 다툼을 인하여 그 우물 이름을 에섹이라 하였으며 또 다른 우물을 팠더니 그들이 또 다투는고로 그 이름을 싯나라 하였으며 이삭이 거기서 옮겨 다른 우물을 팠더니 그들이 다투지 아니하였으므로 그 이름을 르호봇이라 하여 가로되 이제는 여호와께서 우리의 장소를 넓게 하셨으니 이 땅에서 우리가 번성하리로다 하였더라

이삭이 거기서부터 브엘세바로 올라갔더니 그 밤에 여호와께서 그에게 나타나 가라사대 나는 네 아비 아브라함의 하나님이니 두려워 말라 내 종 아브라함을 위하여 내가 너와 함께 있어 네게 복을 주어 네 자손으로 번성케 하리라 하신지라 이삭이 그곳에 단을 쌓아 여호와의 이름을 부르고 거기 장막을 쳤더니 그 종들이 거기서도 우물을 팠더라 아비멜렉이 그 친구 아훗삿과 군대장관 비골로 더불어 그랄에서부터 이삭에게로 온지라 이삭이 그들에게 이르되 너희가 나를 미워하여 나로 너희를 떠나가게 하였거늘 어찌하여 내게 왔느냐 그들이 가로되 여호와께서 너와 함께 계심을 우리가 분명히 보았으므로 우리의 사이 곧 우리와 너의 사이에 맹세를 세워 너와 계약을 맺으리라 말하였노라 너는 우리를 해하지 말라 이는 우리가 너를 범하지 아니하고 선한 일만 네게 행하며 너로 평안히 가게 하였음이니라 이제 너는 여호와께 복을 받은 자니라 이삭이 그들을 위하여 잔치를 베풀매 그들이 먹고 마시고 아침에 일찌기 일어나 서로 맹세한 후에 이삭이 그들을 보내매 그들이 평안히 갔더라 그 날에 이삭의 종들이 자기들의 판 우물에 대하여 이삭에게 와서 고하여 가로되 우리가 물을 얻었나이다 하매 그가 그 이름을 세바라 한지라 그러므로 그 성읍 이름이 오늘까지 브엘세바더라(창세기Gen 26:12~33)

4 · 벧엘 Bethel

벧엘은 아브라함이 가나안 땅에 들어와 장막을 치고 여호와를 위하여 단을 쌓고 여호와의 이름을 불렀던 곳창 12:7이다. 무엇보다 벧엘은 야곱이 형 에서를 피해 외삼촌 라반이 있는 하란으로 도망가던 중 꿈속에서 하나님의 사자를 만났던 곳으로 유명하다. 야곱이 가나안 땅으로 돌아온 후에 하나님께서는 벧엘에서 단을 쌓으라 명하시고 야곱의 이름을 이스라엘로 부르셨다.

족장들의 활동 무대였던 여기 벧엘은 지금 찾는 사람이 없어 적막하기 그지없다. 여기저기 찾아봐도 야곱의 돌기둥이나 여로보암이 북이스라엘을 세우고 금송아지 제단을 만들어 분향했다던 흔적은 보이지 않는다. 그저 철저히 파괴되어 자취를 찾을 수가 없다.

아~ 세월의 무상함인가! 아니면 하나님의 진노였던가! 야곱이 꿈속에서 헤매었듯 여기저기 두루 살핀 후 돌아서려는데 거칠고 차디찬 돌베개 사이로 그림보다 예쁜 꽃들이 활짝 피어 무거운 발길을 붙잡으려 한다.

야곱의 사닥다리

야곱이 브엘세바에서 떠나 하란으로 향하여 가더니 한 곳에 이르러는 해가 진지라 거기서 유숙하려고 그곳의 한 돌을 취하여 베개하고 거기 누워 자더니 꿈에 본즉 사닥다리가 땅위에 섰는데 그 꼭대기가 하늘에 닿았고 또 본즉 하나님의 사자가 그 위에서 오르락 내리락하고 또 본즉 여호와께서 그 위에 서서 가라사대 나는 여호와니 너의 조부 아브라함의 하나님이요 이삭의 하나님이라 너 누운 땅을 내가 너와 네 자손에게 주리니 네 자손이 땅의 티끌 같이 되어서 동서 남북에 편만할찌며 땅의 모든 족속이 너와 네 자손을 인하여 복을 얻으리라 내가 너와 함께 있어 네가 어디로 가든지 너를 지키며 너를 이끌어 이 땅으로 돌아오게 할찌라 내가 네게 허락한 것을 다 이루기까지 너를 떠나지 아니하리라 하신지라 야곱이 잠이 깨어 가로되 여호와께서 과연 여기 계시거늘 내가 알지 못하였도다 이에 두려워하여 가로되 두렵도다 이곳이여 다른 것이 아니라 이는 하나님의 전이요 이는 하늘의 문이로다 하고 야곱이 아침에 일찌기 일어나 베개하였던 돌을 가져 기둥으로 세우고 그 위에 기름을 붓고 그곳 이름을 벧엘이라 하였더라 이 성의 본 이름은 루스더라(창세기Gen 28:10~19)

네 이름을 이스라엘이라 하리라

밤에 일어나 두 아내와 두 여종과 열 한 아들을 인도하여 얍복 나루를 건널새 그들을 인도하여 시내를 건네며 그 소유도 건네고 야곱은 홀로 남았더니 어떤 사람이 날이 새도록 야곱과 씨름하다가 그 사람이 자기가 야곱을 이기지 못함을 보고 야곱의 환도뼈를 치매 야곱의 환도뼈가 그 사람과 씨름할 때에 위골되었더라 그 사람이 가로되 날이 새려하니 나로 가게 하라 야곱이 가로되 당신이 내게 축복하지 아니하면 가게 하지 아니하겠나이다 그 사람이 그에게 이르되 네 이름이 무엇이냐 그가 가로되 야곱이니이다 그 사람이 가로되 네 이름을 다시는 야곱이라 부를 것이 아니요 이스라엘이라 부를 것이니 이는 네가 하나님과 사람으로 더불어 겨루어 이기었음이니라(창세기Gen 32:22~28)

벧엘로 돌아와 단을 쌓은 야곱

야곱이 밧단아람에서 돌아오매 하나님이 다시 야곱에게 나타나사 그에게 복을 주시고 그에게 이르시되 네 이름이 야곱이다마는 네 이름을 다시는 야곱이라 부르지 않겠고 이스라엘이 네 이름이 되리라 하시고 그가 그의 이름을 이스라엘이라 부르시고 그에게 이르시되 나는 전능한 하나님이니라 생육하며 번성하라 국민과 많은 국민이 네게서 나고 왕들이 네 허리에서 나오리라 내가 아브라함과 이삭에게 준 땅을 네게 주고 내가 네 후손에게도 그 땅을 주리라 하시고 하나님이 그와 말씀하시던 곳에서 그를 떠나 올라 가시는지라 야곱이 하나님의 자기와 말씀하시던 곳에 기둥 곧 돌 기둥을 세우고 그 위에 전제물을 붓고 또 그 위에 기름을 붓고 하나님이 자기와 말씀하시던 곳의 이름을 벧엘이라 불렀더라(창세기Gen 35:9~15)

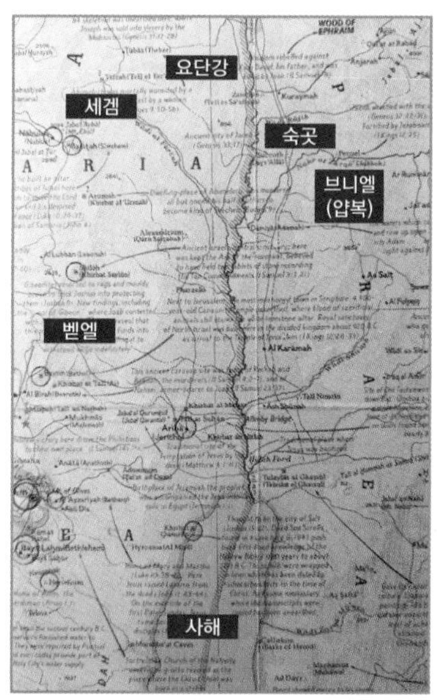

내 주를 가까이 하게 함은

내 주를 가까이 하게함은
십자가 짐같은 고생이나
내 일생 소원은 늘 찬송하면서
주께 더 나가기 원합니다

내 고생하는 것 옛 야곱이
돌 베게 베고 잠 같습니다.
꿈에도 소원이 늘 찬송하면서
주께 더 나가기 원합니다.

천성에 가는 길 험하여도
생명길 되나니 은혜로다.
천사 날 부르니 늘 찬송하면서
주께 더 나가기 원합니다.

야곱이 잠깨어 일어난 후
돌단을 쌓은 것 본 받아서
숨질 때 되도록 늘 찬송하면서
주께 더 나가기 원합니다.

흔적만 남아있는 벧엘

5 • 헐몬 Mt. Hermon 이스라엘의 모태산

레바논과 시리아 그리고 이스라엘과의 국경 지역에 솟아있는 헐몬산해발2,814m은 갈릴리 북쪽 65km 지점에 있다. 산의 정상은 북풍의 찬 바람과 지중해의 온화한 바닷바람에 의해 이른 겨울부터 비와 이슬이 눈과 함께 얼어 설봉으로 변한다.

어쩌다 폭설이 내리면 늦은 봄날까지 흰 눈에 덮여 가나안 들녘을 풍요롭게 하고 헐몬에서 녹아내린 맑은 물은 골짜기를 따라 흐르다 강이 된다. 북으로 흐르는 물은 레바논의 백향목 산지와 시리아의 다메섹 강과왕하 5:12~14 아바나와 바르발 강변 토지를 기름지게 하고 있다. 그뿐인가. 산자락 땅속으로 스며든 맑은 물은 지하의 수맥을 따라 흐르다가 솟아나 남쪽 이스라엘 산지 마을의 우물이 되어 사람과 육축들의 갈한 목을 축여 생기를 돋게 한다.

또한 땅속 어딘가에 담겨 있던 맑은 물이 바위 틈새로 솟아나 흘러내리는데 그것이 바로 요단

강의 시작이다. 이 강물이 이스라엘의 생명수며 민족의 번영을 위한 하나님의 언약이다. 그리고 초롱한 새벽이슬이 가나안 온 땅 들녘을 적시면, 푸른 초장은 황톳빛 색으로 그려진 그림 같은 풍경으로 탈색된다. 얕은 계곡의 야산 들녘에서는 오렌지와 사과 그리고 이름 없는 들꽃과 포도의 향기가 지중해에서 불어오는 촉촉한 가을바람에 밀려 젖과 꿀이 흘러넘친다. 그러므로 이 헐몬을 이스라엘의 복의 근원이라 해도 부족함이 없다.

> 내 영혼아 네가 어찌하여 낙망하며 어찌하여 내 속에서 불안하여 하는고 너는 하나님을 바라라 그 얼굴의 도우심을 인하여 내가 오히려 찬송하리로다 내 하나님이여 내 영혼이 내 속에서 낙망이 되므로 내가 요단땅과 헤르몬과 미살산에서 주를 기억하나이다(시편Ps 42:5~6)

> 나의 사랑 너는 순전히 어여뻐서 아무 흠이 없구나 나의 신부야 너는 레바논에서부터 나와 함께 하고 레바논에서부터 나와 함께 가자 아마나와 스닐과 헤르몬 꼭대기에서 사자 굴과 표범 산에서 내려다보아라(아가Song 4:7~8)

헐몬산에서 흘러내리는 맑은 물, 요단강의 시작

헐몬산은 이스라엘과 시리아와 요르단에 걸쳐있다

다윗의 노래
형제가 연합하여 동거함이
어찌 그리 선하고 아름다운고
머리에 있는 보배로운 기름이
수염 곧 아론의 수염에 흘러서 그 옷깃까지 내림 같고
헐몬의 이슬이 시온의 산들에 내림 같도다
거기서 여호와께서 복을 명하셨나니 곧 영생이로다
(시편Song 133:1~3)

6 • 단 Tel Dan

여로보암의 배반

여로보암이 에브라임 산지에 세겜을 건축하고 거기서 살며 또 거기서 나가서 부느엘을 건축하고 그 마음에 스스로 이르기를 나라가 이제 다윗의 집으로 돌아가리로다 만일 이 백성이 예루살렘에 있는 여호와의 전에 제사를 드리고자 하여 올라가면 이 백성의 마음이 유다 왕 된 그 주 르호보암에게로 돌아가서 나를 죽이고 유다 왕 르호보암에게로 돌아가리로다 하고(열왕기상1Kin 12:25~27)

헐몬산의 눈과 이슬이 녹아 석회암의 내부로 스며 들었다가 산기슭인 단에서 맑은 샘으로 솟아나 요단강의 원천을 이룬다. 남북 왕국이 분열된 후 단은 여로보암에 의해 금송아지를 숭배하는 장소로 바뀌었다. 단지파의 고대 성읍 단은 지중해 연안 시돈에서 다메섹으로 가는 이스라엘의 최북단 길목 요지에 있다. 역사 유적을 찾는 역사가들은 갈릴리 지역의 지진과 홍수AD31년경로 매몰된 헐몬산 남쪽 산자락에서 BC5000년 경에 사람이 살았던 흔적을 발굴했다고 전한다. 그리고 성서 고고학자들은 여로보암이 섬겼던 금송아지 제단을 단에서 발굴했다.

이곳에 있는 안내판에는 "왕국이 분열된 후 느밧의 아들 여로보암은 북왕국의 왕이 되었으며 예루살렘과 단에 금송아지를 섬기는 산당을 짓고, 예루살렘과 단 사이를 번갈아 가면서 숭배하였다"라고 쓰여 있다. 하지만 성경에는 분명 예루살렘과 단 사이가 아닌 "벧엘과 단에 금송아지

금 송아지 산당

를 만들어 숭배하였다"라고 기록하고 있다.

여로보암은 백성들이 예루살렘에 올라가는 것을 금지 시켰을 뿐만 아니라 레위 자손이 아닌 보통 사람을 제사장으로 삼고 유대 절기와 비슷한 시기에 맞추어 제사를 드리는 범죄를 저질렀다. 결국 북왕국 이스라엘은 하나님을 배반하고 우상을 섬기는 죄를 짓다가 앗수르에 의해 철저히 파괴되고 패망한다. 그러나 후에 단은 풍부한 물과, 주변의 기름진 경작지로 인해 로마인들의 군사기지가 되어 큰 도시를 이루었다.

만일 이 백성이 예루살렘에 있는 여호와의 전에 제사를 드리고자 하여 올라가면 이 백성의 마음이 유다 왕 된 그 주 르호보암에게로 돌아가서 나를 죽이고 유다 왕 르호보암에게로 돌아가리로다 하고 이에 계획하고 두 금송아지를 만들고 무리에게 말하기를 너희가 다시는 예루살렘에 올라갈 것이 없도다 이스라엘아 이는 너희를 애굽 땅에서 인도하여 올린 너희 신이라 하고 하나는 벧엘에 두고 하나는 단에 둔지라 이 일이 죄가 되었으니 이는 백성들이 단까지 가서 그 하나에게 숭배함이더라 저가 또 산당들을 짓고 레위 자손 아닌 보통 백성으로 제사장을 삼고 팔월 곧 그 달 십 오일로 절기를 정하여 유다의 절기와 비슷하게 하고 단에 올라가되 벧엘에서 그와 같이 행하여 그 만든 송아지에게 제사를 드렸으며 그 지은 산당의 제사장은 벧엘에서 세웠더라 저가 자기 마음대로 정한 달 곧 팔월 십오일로 이스라엘 자손을 위하여 절기로 정하고 벧엘에 쌓은 단에 올라가서 분향하였더라(열왕기상1Kin 12:27~33)

7· 요단강 상류 Jordan River

이스라엘의 젖줄, 기적과 축복의 원천

전에 고통하던 자에게는 흑암이 없으리로다 옛적에는 여호와께서 스불론 땅과 납달리 땅으로 멸시를 당케 하셨더니 후에는 해변 길과 요단 저편 이방의 갈릴리를 영화롭게 하셨느니라 흑암에 행하던 백성이 큰 빛을 보고 사망의 그늘진 땅에 거하던 자에게 빛이 비취도다(이사야 Is 9:1~2)

시내 광야

2부

광야의 길

8 · 요셉의 눈물과 화해

야곱은 12형제를 낳았으며 그중 요셉을 유별나게 사랑해서 요셉이 형들에게 미움을 받았다. 어느날 요셉이 꿈꾸었던 일들을곡식단, 해와 달과 별 형들에게 말하자, 형들은 우리가 너를 섬기겠느냐 하며 요셉에 대한 시기와 미움이 이전보다 더했다. 급기야 형들은 요셉을 이스마엘 족속에게 팔았고 애굽에 노예로 팔려 간 요셉은 바로왕의 술 맡은 관원장의 사환이 되었다. 그 후 요셉은 애굽왕의 꿈 해몽을 통해 7년 풍년과 7년 가뭄을 예언하여 애굽왕 바로의 총리가 되어 바로를 대신하여 애굽 땅을 다스리게 된다. 그때 가나안에 기근이 심해지자, 요셉의 형들은 곡식을 구하려 애굽으로 내려와 총리를 만난다. 총리 요셉은 그들을 보고 분명 자기의 형들이란 것임을 알게 되자, 아버지 야곱의 안부를 묻고 형들을 만난 감격에 방성대곡하며 형들과 화해의 눈물을 흘린다.

요셉이 형들에게 이르되 내게로 가까이 오소서 그들이 가까이 가니 가로되 나는 당신의 아우 요셉이니 당신들이 애굽에 판자라 당신들이 나를 이곳에 팔았으므로 한탄하지 마소서 하나님이 생명을 구하시려고 나를 당신들 앞서 보내셨나이다(창세기Gen 45:4-5)

바로왕의 초대

바로의 명을 받은 요셉은 가나안으로 돌아가는 형들에게 필요한 모든 것을 넉넉히 채워주며 평안히 가기를 부탁한다. 무사히 돌아온 형들이 요셉이 살아서 애굽의 총리가 되어 야곱과 온 가족들을 초청한다는 말을 아버지 야곱에게 전하였다.

요셉의 형들이 왔다는 소문이 바로의 궁에 들리매 바로와 그 신복이 기뻐하고 바로는 요셉에게 이르되 네 형들에게 명하기를 너희는 이렇게 하여 너희 양식을 싣고 가서 가나안 땅에 이르거든 너희 아비와 너희 가속을 이끌고 내게로 오라 내가 너희에게 애굽 땅 아름다운 것을 주리니 너희가 나라의 기름진 것을 먹으리라 이제 명을 받았으니 이렇게 하라 너희는 애굽 땅에서 수레를 가져다가 너희 자녀와 아내를 태우고 너희 아비를 데려오라 또 너희의 기구를 아끼지 말라 온 애굽 땅의 좋은 것이 너희 것임이니라 하라(창세기Gen 45:16~20)

하나님의 약속

이스라엘이 모든 소유를 이끌고 발행하여 브엘세바에 이르러 그 아비 이삭의 하나님께 희생을 드리니 밤에 하나님이 이상 중에 이스라엘에게 나타나시고 불러 가라사대 야곱아 야곱아 하시는지라 야곱이 가로되 내가 여기 있나이다 하매 하나님이 가라사대 나는 하나님이라 네 아비의 하나님이니 애굽으로 내려가기를 두려워 말라 내가 거기서 너로 큰 민족을 이루게 하리라 내가 너와 함께 애굽으로 내려가겠고 정녕 너를 인도하여 다시 올라올 것이며 요셉이 그 손으로 네 눈을 감기리라 하셨더라(창세기 Gen 46:1~4)

하나님의 약속을 믿은 야곱은 가나안땅에서 얻은 모든 재물과 가축, 그리고 네 명의 아내에게서 출생한 남녀 모든 가속들을 데리고 애굽으로 와서 요셉의 아들들과 함께(도합 70명) 애굽땅 고센에서 정착하게 된다.

9 · 노역과 절망의 땅 애굽에서 약속의 땅 가나안으로 Exodus

이스라엘 후손들이 애굽에서 생육하고 번성하여 온 땅에 가득했으나 요셉을 알지 못하는 새 왕들은, 이스라엘 백성의 강함을 두려워하여 그들을 노예로 부리는 한편, 사내아이가 태어나면 반드시 죽이라는 명령을 내린다.

야곱과 함께 각기 권속을 데리고 애굽에 이른 이스라엘 아들들의 이름은 이러하니 르우벤과 시므온과 레위와 유다와 잇사갈과 스불론과 베냐민과 단과 납달리와 갓과 아셀이요 이미 애굽에 있는 요셉까지 야곱의 혈속이 모두 칠십인이었더라 요셉과 그의 모든 형제와 그 시대 사람은 다 죽었고 이스라엘 자손은 생육이 중다하고 번식하고 창성하고 심히 강대하여 온 땅에 가득하게 되었더라(출애굽기Ex 1:1~7)

모세의 출생

레위 족속중 한 사람이 가서 레위 여자에게 장가 들었더니 그 여자가 잉태하여 아들을 낳아 그 준수함을 보고 그를 석달을 숨겼더니 더 숨길 수 없이 되매 그를 위하여 갈 상자를 가져다가 역청과 나무 진을 칠하고 아이를 거기 담아 하숫가 갈대 사이에 두고 그 누이가 어떻게 되는 것을 알려고 멀리 섰더니 바로의 딸이 목욕하러 하수로 내려오고 시녀들은 하숫가에 거닐 때에 그가 갈대 사이의 상자를 보고 시녀를 보내어 가져다가 열고 그 아이를 보니 아이가 우는지라 그가 불쌍히 여겨 가로되 이는 히브리 사람의 아이로다 그 누이가 바로의 딸에게 이르되 내가 가서 히브리 여인 중에서 유모를 불러다가 당신을 위하여 이 아이를 젖 먹이게 하리이까 바로의 딸이 그에게 이르되 가라 그 소녀가 가서 아이의 어미를 불러오니 바로의 딸이 그에게 이르되 이 아이를 데려다가 나를 위하여 젖을 먹이라 내가 그 삯을 주리라 여인이 아이를 데려다가 젖을 먹이더니 그 아이가 자라매 바로의 딸에게로 데려가니 그의 아들이 되니라 그가 그 이름을 모세라 하여 가로되 이는 내가 그를 물에서 건져 내었음이라 하였더라 (출애굽기Ex 2:1~10)

가라 모세!

여러 해 후에 애굽 왕은 죽었고 이스라엘 자손은 고역으로 인하여 탄식하며 부르짖으니 그 고역으로 인하여 부르짖는 소리가 하나님께 상달한지라 하나님이 그 고통 소리를 들으시고 아브라함과 이삭과 야곱에게 세운 그 언약을 기억하사 이스라엘 자손을 권념하셨더라(출애굽기Ex 2:23~25)

애굽에서 온갖 부역과 학대에 시달리던 이스라엘 백성의 부르짖음이 하늘에 닿았을 때 하나님께서는 모세를 부르셔서 이스라엘 백성들을 약속의 땅 가나안으로 인도하셨다.

여호와께서 그가 보려고 돌이켜 오는 것을 보신지라 하나님이 떨기나무 가운데서 그를 불러 이르시되 모세야 모세야 하시매 그가 이르되 내가 여기 있나이다 하나님이 이르시되 이리로 가까이 오지 말라 네가 선 곳은 거룩한 땅이니 네 발에서 신을 벗으라 또 이르시되 나는 네 조상의 하나님이니 아브라함의 하나님, 이삭의 하나님, 야곱의 하나님이니라 모세가 하나님 뵈옵기를 두려워하여 얼굴을 가리매 여호와께서 이르시되 내가 애굽에 있는 내 백성의 고통을 분명히 보고 그들이 그들의 감독자로 말미암아 부르짖음을 듣고 그 근심을 알고 내가 내려가서 그들을 애굽인의 손에서 건져내고 그들을 그 땅에서 인도하여 아름답고 광대한 땅, 젖과 꿀이 흐르는 땅 곧 가나안 족속, 헷 족속, 아모리 족속, 브리스 족속, 히위 족속, 여부스 족속의 지방에 데려가려 하노라 이제 가라 이스라엘 자손의 부르짖음이 내게 달하고 애굽 사람이 그들을 괴롭히는 학대도 내가 보았으니 이제 내가 너를 바로에게 보내어 너에게 내 백성 이스라엘 자손을 애굽에서 인도하여 내게 하리라(출애굽기Ex 3:4~10)

애굽의 왕 바로가 열 가지 재앙 끝에 이스라엘 백성을 내보내므로 이스라엘 백성들은 드디어 가나안으로 가는 40년 간의 길고 긴 광야의 여정을 시작하였다.

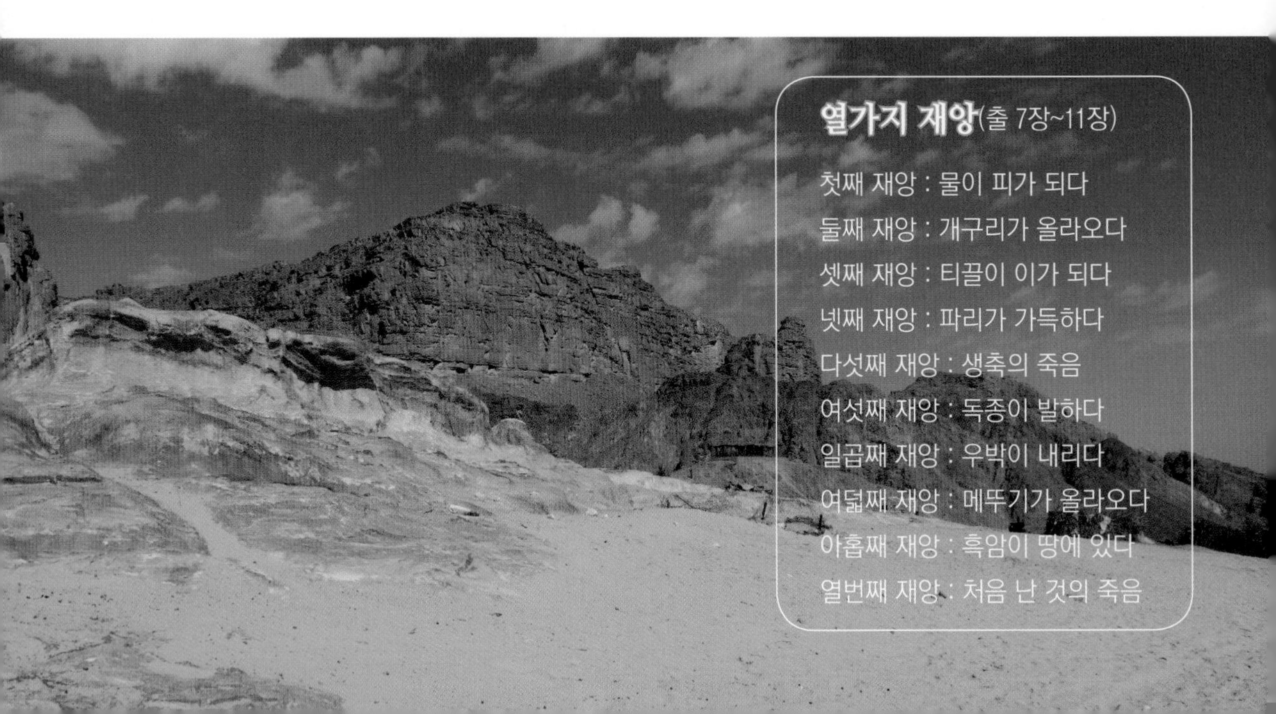

열가지 재앙(출 7장~11장)

첫째 재앙 : 물이 피가 되다
둘째 재앙 : 개구리가 올라오다
셋째 재앙 : 티끌이 이가 되다
넷째 재앙 : 파리가 가득하다
다섯째 재앙 : 생축의 죽음
여섯째 재앙 : 독종이 발하다
일곱째 재앙 : 우박이 내리다
여덟째 재앙 : 메뚜기가 올라오다
아홉째 재앙 : 흑암이 땅에 있다
열번째 재앙 : 처음 난 것의 죽음

그들이 숙곳에서 발행하여 광야 끝 에담에 장막을 치니 여호와께서 그들 앞에 행하사 낮에는 구름 기둥으로 그들의 길을 인도하시고 밤에는 불 기둥으로 그들에게 비취사 주야로 진행하게 하시니 낮에는 구름 기둥, 밤에는 불 기둥이 백성 앞에서 떠나지 아니하니라(출애굽기Ex 13:20~22)

출처: SMITH'S BIBLE DICTIONARY

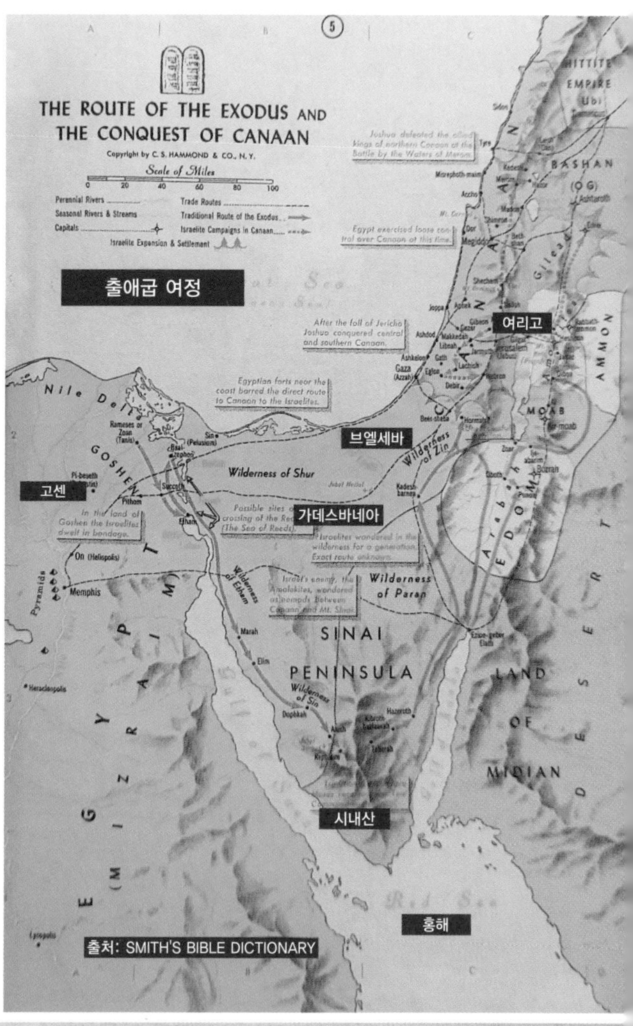

홍해의 기적

모세가 백성에게 이르되 너희는 두려워 말고 가만히 서서 여호와께서 오늘날 너희를 위하여 행하시는 구원을 보라 너희가 오늘 본 애굽 사람을 또 다시는 영원히 보지 못하리라 여호와께서 너희를 위하여 싸우시리니 너희는 가만히 있을지니라 여호와께서 모세에게 이르시되 너는 어찌하여 내게 부르짖느뇨 이스라엘 자손을 명하여 앞으로 나가게 하고 지팡이를 들고 손을 바다 위로 내밀어 그것으로 갈라지게 하라 이스라엘 자손이 바다 가운데 육지로 행하리라 내가 애굽 사람들의 마음을 강퍅케

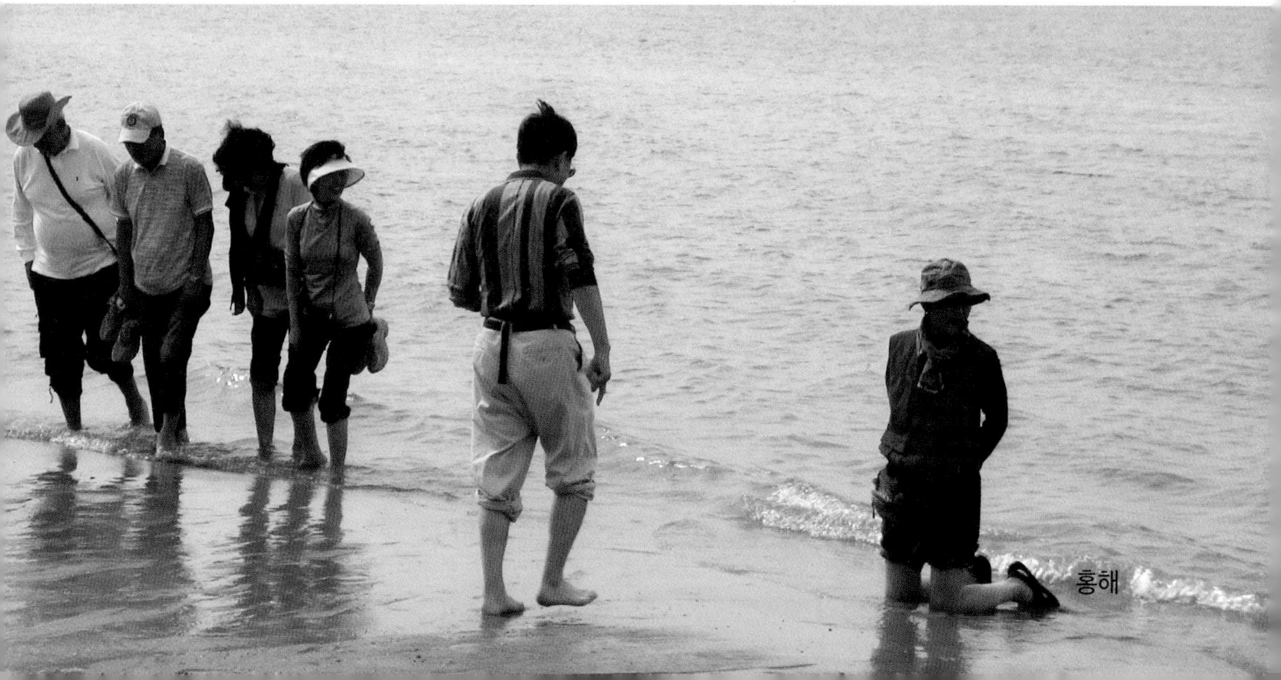

홍해

할것인즉 그들이 그 뒤를 따라 들어갈 것이라 내가 바로와 그 모든 군대와 그 병거와 마병을 인하여 영광을 얻으리니 내가 바로와 그 병거와 마병으로 인하여 영광을 얻을 때에야 애굽 사람들이 나를 여호와인줄 알리라 하시더니 이스라엘 진 앞에 행하던 하나님의 사자가 옮겨 그 뒤로 행하매 구름 기둥도 앞에서 그 뒤로 옮겨 애굽 진과 이스라엘 진 사이에 이르러 서니 저 편은 구름과 흑암이 있고 이 편은 밤이 광명하므로 밤새도록 저 편이 이 편에 가까이 못하였더라 모세가 바다 위로 손을 내어민대 여호와께서 큰 동풍으로 밤새도록 바닷물을 물러가게 하시니 물이 갈라져 바다가 마른 땅이 된지라

이스라엘 자손이 바다 가운데 육지로 행하고 물은 그들의 좌우에 벽이 되니 애굽 사람들과 바로의 말들, 병거들과 그 마병들이 다 그 뒤를 쫓아 바다 가운데로 들어 오는지라 새벽에 여호와께서 불 구름기둥 가운데서 애굽 군대를 보시고 그 군대를 어지럽게 하시며 그 병거 바퀴를 벗겨서 달리기에 극난하게 하시니 애굽 사람들이 가로되 이스라엘 앞에서 우리가 도망하자 여호와가 그들을 위하여 싸워 애굽

사람들을 치는도다 여호와께서 모세에게 이르시되 네 손을 바다 위로 내어밀어 물이 애굽 사람들과 그 병거들과 마병들 위에 다시 흐르게 하라 하시니 모세가 곧 손을 바다 위로 내어밀매 새벽에 미쳐 바다의 그 세력이 회복된지라 애굽 사람들이 물을 거스려 도망하나 여호와께서 애굽 사람들을 바다 가운데 엎으시니 물이 다시 흘러 병거들과 기병들을 덮되 그들의 뒤를 쫓아 바다에 들어간 바로의 군대를 다 덮고 하나도 남기지 아니하였더라

그러나 이스라엘 자손은 바다 가운데 육지로 행하였고 물이 좌우에 벽이 되었었더라 그 날에 여호와께서 이같이 이스라엘을 애굽 사람의 손에서 구원하시매 이스라엘이 바닷가의 애굽 사람의 시체를 보았더라 이스라엘이 여호와께서 애굽 사람들에게 베푸신 큰 일을 보았으므로 백성이 여호와를 경외하며 여호와와 그 종 모세를 믿었더라(출애굽기Ex 14:13~31)

단물로 변한 마라의 쓴물

모세가 홍해에서 이스라엘을 인도하매 그들이 나와서 수르 광야로 들어가서 거기서 사흘길을 행하였으나 물을 얻지 못하고 마라에 이르렀더니 그곳 물이 써서 마시지 못하겠으므로 그 이름을 마라라 하였더라 백성이 모세를 대하여 원망하여 가로되 우리가 무엇을 마실까 하매 모세가 여호와께 부르짖었더니 여호와께서 그에게 한 나무를 지시하시니 그가 물에 던지매 물이 달아졌더라 거기서 여호와께서 그들을 위하여 법도와 율례를 정하시고 그들을 시험하실쌔 가라사대 너희가 너희 하나님 나 여호와의 말을 청종하고 나의 보기에 의를 행하며 내 계명에 귀를 기울이며 내 모든 규례를 지키면 내가 애굽 사람에게 내린 모든 질병의 하나도 너희에게 내리지 아니하리니 나는 너희를 치료하는 여호와임이니라 그들이 엘림에 이르니 거기 물샘 열 둘과 종려 칠십주가 있는지라 거기서 그들이 그 물 곁에 장막을 치니라(출애굽기Ex 15:22~27)

만나와 메추라기

이스라엘 자손의 온 회중이 엘림에서 떠나 엘림과 시내산 사이 신 광야에 이르니 애굽에서 나온 후 제 이월 십오일이라 이스라엘 온 회중이 그 광야에서 모세와 아론을 원망하여 그들에게 이르되 우리가 애굽 땅에서 고기 가마 곁에 앉았던 때와 떡을 배불리 먹던 때에 여호와의 손에 죽었더면 좋았을 것을 너희가 이 광야로 우리를 인도하여 내어 이 온 회중으로 주려 죽게 하는도다 때에 여호와께서 모세에게 이르시되 보라 내가 너희를 위하여 하늘에서 양식을 비 같이 내리리니 백성이 나가서 일용할 것을 날마다 거둘 것이라 이같이 하여 그들이 나의 율법을 준행하나 아니하나 내가 시험하리라(출애굽기Ex 16:1~5)

"It is manna"

40년간 이스라엘 백성을 먹이신 하나님

이스라엘 족속이 그 이름을 만나라 하였으며 깟씨 같고도 희고 맛은 꿀 섞은 과자 같았더라 모세가 가로되 여호와께서 이같이 명하시기를 이것을 오멜에 채워서 너희 대대 후손을 위하여 간수하라 이는 내가 너희를 애굽 땅에서 인도하여 낼 때에 광야에서 너희에게 먹인 양식을 그들에게 보이기 위함이니라 하셨다 하고 또 아론에게 이르되 항아리를 가져다가 그 속에 만나 한 오멜을 담아 여호와 앞에 두어 너희 대대로 간수하라 아론이 여호와께서 모세에게 명하신대로 그것을 증거판 앞에 두어 간수하게 하였고 이스라엘 자손이 사람 사는 땅에 이르기까지 사십년 동안 만나를 먹되 곧 가나안 지경에 이르기까지 그들이 만나를 먹었더라(출애굽기Ex 16:31~35)

10 • 르비딤 Rephidim

아말렉과 대대로 싸우리라

안내자의 길을 따라 르비딤 골짜기에 이르니 무성했던 종려나무가 시들어 가고 있다. 바로 이곳이 르비딤이다. 이 길은 가나안으로 가는 가까운 길이기에 모세와 백성들은 이곳에 장막을 쳤을 것이다. 애굽에서 나와 물이 갈라진 홍해 바다를 육지와 같이 건넌 이스라엘 백성은 메마른 광야를 지나면서 애굽에서의 풍요로운 생활을 그리워하며 모세를 원망하였다. 하나님께서는 백성의 원망을 들으시고 만나를 내려 먹을 것을 주었지만 르비딤에 장막을 친 이스라엘 백성은 마실 물이 없자 또다시 모세를 원망하였다. 모세가 호렙산 반석을 쳐서 물을 내어 백성들에게 마시게 했지만, 하나님께서는 백성들이 여호와를 시험함을 아셨다.

르비딤은 아말렉이 이스라엘 백성들의 길을 막고, 지나감을 허락지 않아 싸움이 일어났던 현장이다. 산 정상에는 아론과 훌이 모세의 두 손을 하루 종일 들어 올렸다는 기념석이 있다.

이스라엘 자손의 온 회중이 여호와의 명령대로 신 광야에서 떠나 그 노정대로 행하여 르비딤에 장막을 쳤으나 백성이 마실 물이 없는지라 백성이 모세와 다투어 가로되 우리에게 물을 주어 마시게 하라 모세가 그들에게 이르되 너희가 어찌하여 나와 다투느냐 너희가 어찌하여 여호와를 시험하느냐 거기서 백성이 물에 갈하매 그들이 모세를 대하여 원망하여 가로되 당신이 어찌하여 우리를 애굽에서 인도하여 내어서 우리와 우리 자녀와 우리 생축으로 목말라 죽게 하느냐 모세가 여호와께 부르짖어 가로되 내가 이 백성에게 어떻게 하리이까 그들이 얼마 아니면 내게 돌질 하겠나이다 여호와께서 모세에게 이르시되 백성 앞을 지나가서 이스라엘 장로들을 데리고 하수를 치던 네 지팡이를 손에 잡고 가라 내가 거기서 호렙산 반석 위에 너를 대하여 서리니 너는 반석을 치라 그것에서 물이 나리니 백성이 마시리라 모세가 이스라엘 장로들의 목전에서 그대로 행하니라 그가 그곳 이름을 맛사라 또는 므리바라 불렀으니 이는 이스라엘 자손이 다투었음이요 또는 그들이 여호와를 시험하여 이르기를 여호와께서 우리 중에 계신가 아닌가 하였음이더라

때에 아말렉이 이르러 이스라엘과 르비딤에서 싸우니라 모세가 여호수아에게 이르되 우리를 위하여 사람들을 택하여 나가서 아말렉과 싸우라 내일 내가 하나님의 지팡이를 손에 잡고 산꼭대기에 서리라 여호수아가 모세의 말대로 행하여 아말렉과 싸우고 모세와 아론과 훌은 산꼭대기에 올라가서 모세가 손을 들면 이스라엘이 이기고 손을 내리면 아말렉이 이기더니 모세의 팔이 피곤하매 그들이 돌을 가져다가 모세의 아래에 놓아 그로 그 위에 앉게 하고 아론과 훌이 하나는 이편에서, 하나는 저편에서 모세의 손을 붙들어 올렸더니 그 손이 해가 지도록 내려오지 아니한지라

여호수아가 칼날로 아말렉과 그 백성을 쳐서 파하니라 여호와께서 모세에게 이르시되 이것을 책에 기록하여 기념하게 하고 여호수아의 귀에 외워 들리라 내가 아말렉을 도말하여 천하에서 기억함이 없게 하리라 모세가 단을 쌓고 그 이름을 여호와 닛시라 하고 가로되 여호와께서 맹세하시기를 여호와가 아말렉으로 더불어 대대로 싸우리라 하셨다 하였더라(출애굽기Ex 17:1~16)

11 · 시내산 Mt. Sinai

제 삼일 아침에 우뢰와 번개와 빽빽한 구름이 산 위에 있고 나팔 소리가 심히 크니 진중 모든 백성이 다 떨더라 모세가 하나님을 맞으려고 백성을 거느리고 진에서 나오매 그들이 산 기슭에 섰더니 시내산에 연기가 자욱하니 여호와께서 불 가운데서 거기 강림하심이라 그 연기가 옹기점 연기 같이 떠오르고 온 산이 크게 진동하며 나팔 소리가 점점 커질 때에 모세가 말한즉 하나님이 음성으로 대답하시더라 여호와께서 시내산 곧 그 산꼭대기에 강림하시고 그리로 모세를 부르시니 모세가 올라 가매 여호와께서 모세에게 이르시되 내려가서 백성을 신칙하라 백성이 돌파하고 나 여호와께로 와서 보려고 하다가 많이 죽을까 하노라 또 여호와께 가까이 하는 제사장들로 그 몸을 성결히 하게 하라 나 여호와가 그들을 돌격할까 하노라 모세가 여호와께 고하되 주께서 우리에게 명하여 이르시기를 산 사면에 지경을 세워 산을 거룩하게 하라 하셨사온즉 백성이 시내산에 오르지 못하리이다(출애굽기Ex 19:16~23)

이스라엘 백성이 육지처럼 건넜다는 홍해 바다를 건너 도착한 시내산!2,285m 풀 한 포기, 나무 한 그루 찾기 힘든 척박하고 메마른 땅, 이 산으로 하나님께서는 모세를 부르셨다. 순례자도 일행과 함께 모세가 계명을 받은 시내산을 낙타의 등을 빌려 타고 올라간다. 늦게 출발하여 시내산에서 동트는 아침을 맞으려는 기대는 사라졌지만, 이스라엘 백성들도 감히 오르지 못했던 길을 가려니 감개무량하다.

시내산에서 하나님께서는 모세에게 말씀으로 십계명을 일러주셨다. 하나님께서는 우레와 번개 그리고 나팔 소리와 연기를 백성에게 나타내시어 말씀의 권위를 더 하셨다. 십계명에 이어 제단에 대해, 종에 대해, 배상에 대해, 절기에 대해, 여호와를 섬기는 것에 대해 말씀해 주심으로 새로운 국가를 이룰 이스라엘 백성에게 규범을 주셨다. 특별히 성막과 여호와께 제사를 드릴 제사장에 대해 자세하게 지시하심으로 하나님과 이스라엘 사이의 언약을 확실히 하셨다.

여호와께서 모세에게 이르시되 너는 산에 올라 내게로 와서 거기 있으라 너로 그들을 가르치려고 내가 율법과 계명을 친히 기록한 돌판을 네게 주리라 모세가 그 종자 여호수아와 함께 일어나 하나님의 산으로 올라가며 장로들에게 이르되 너희는 여기서 우리가 너희에게로 돌아오기까지 기다리라 아론과 훌이 너희와 함께하리니 무릇 일이 있는 자는 그들에게로 나아갈찌니라 하고 모세가 산에 오르매 구름이 산을 가리며 여호와의 영광이 시내산 위에 머무르고 구름이 육일 동안 산을 가리더니 제 칠일에 여호와께서 구름 가운데서 모세를 부르시니라 산 위의 여호와의 영광이 이스라엘 자손의 눈에 맹렬한 불 같이 보였고 모세는 구름 속으로 들어가서 산 위에 올랐으며 사십일 사십야를 산에 있으니라 (출애굽기Ex 24:12~18)

십계명 출20:1-17

1. 너는 나 외에는 다른 신들을 네게 있게 말찌니라

2. 너를 위하여 새긴 우상을 만들지 말고 또 위로 하늘에 있는 것이나
아래로 땅에 있는 것이나 땅아래 물속에 있는 것의 아무 형상이든지
만들지 말며 그것들에게 절하지 말며 그것들을 섬기지 말라

3. 너는 너의 하나님 여호와의 이름을 망령되이 일컫지 말라 나 여호와는
나의 이름을 망령되이 일컫는 자를 죄 없다 하지 아니하리라

4. 안식일을 기억하여 거룩히 지키라

5. 네 부모를 공경하라 그리하면 너의 하나님 나 여호와가
네게 준 땅에서 네 생명이 길리라

6. 살인하지 말찌니라

7. 간음하지 말찌니라

8. 도적질하지 말찌니라

9. 네 이웃에 대하여 거짓 증거하지 말찌니라

10. 네 이웃의 집을 탐내지 말찌니라 네 이웃의 아내나 그의 남종이나
그의 여종이나 그의 소나 그의 나귀나
무릇 네 이웃의 소유를 탐내지 말찌니라

불멸의 영화 <십계>

백성이 모세가 산에서 내려옴이 더딤을 보고 모여 아론에게 이르러 가로되 일어나라 우리를 인도할 신을 우리를 위하여 만들라 이 모세 곧 우리를 애굽 땅에서 인도하여 낸 사람은 어찌 되었는지 알지 못함이니라 아론이 그들에게 이르되 너희 아내와 자녀의 귀의 금고리를 빼어 내게로 가져 오라 모든 백성이 그 귀에서 금고리를 빼어 아론에게로 가져 오매 아론이 그들의 손에서 그 고리를 받아 부어서 각도로 새겨 송아지 형상을 만드니 그들이 말하되 이스라엘아 이는 너희를 애굽 땅에서 인도하여 낸 너희 신이로다 하는지라 아론이 보고 그 앞에 단을 쌓고 이에 공포하여 가로되 내일은 여호와의 절일이니라 하니 이튿날에 그들이 일찌기 일어나 번제를 드리며 화목제를 드리고 앉아서 먹고 마시며 일어나

서 뛰놀더라(출Ex 32:1~7)

모세가 돌이켜 산에서 내려 오는데 증거의 두 판이 그 손에 있고 그 판의 양면 이편 저편에 글자가 있으니 그 판은 하나님이 만드신 것이요 글자는 하나님이 쓰셔서 판에 새기신 것이더라 여호수아가 백성의 떠듦을 듣고 모세에게 말하되 진중에서 싸우는 소리가 나나이다 모세가 가로되 이는 승전가도 아니요 패하여 부르짖는 소리도 아니라 나의 듣기에는 노래하는 소리로다 하고 진에 가까이 이르러 송아지와 그 춤 추는 것을 보고 대노하여 손에서 그 판들을 산 아래로 던져 깨뜨리니라 모세가 그들의 만든 송아지를 가져 불살라 부수어 가루를 만들어 물에 뿌려 이스라엘 자손에게 마시우니라(출Ex 32:15~20)

12 · 불평과 배신의 광야 생활 40년

모세가 여호와의 영광이 가득한 산 위에서 계명을 받던 그 시간, 이스라엘 백성들은 돌아오지 않고 있는 모세를 대신해 아론을 충동하여 금송아지 우상을 만들어 제사를 드렸다. 그 소리를 들은 여호와께서는 크게 진노하사 목이 곧은 백성들을 진멸하려 했으나, 그들의 용서를 간구하는 모세의 기도에 여호와께서 그 뜻을 돌이키셨다.

가나안 땅을 정탐하고 돌아온 12지파의 대표들은 그 땅의 풍성한 과실과 그 땅의 거민들이 장대한 것을 보고 스스로를 메뚜기 같다고 표현하며 절망하였다. 오직 여호수아와 갈렙만이 여호와의 능력을 의심치 않았다.

결국 백성들의 불신앙으로 인해 갈렙과 여호수아를 제외하고 이십 세 이상은 가나안 땅에 들어가지 못하게 되었다.

백성들의 불신앙에 따른 40년 광야 생활은 40일간 가나안 땅을 탐지하고 불신앙으로 하나님을 거역한 이스라엘의 죄악에 대한 징벌이었다.

> 여호와께서 모세와 아론에게 일러 가라사대 나를 원망하는 이 악한 회중을 내가 어느 때까지 참으랴 이스라엘 자손이 나를 향하여 원망하는바 그 원망하는 말을 내가 들었노라 그들에게 이르기를 여호와의 말씀에 나의 삶을 가리켜 맹세하노라 너희 말이 내 귀에 들린대로 내가 너희에게 행하리니 너희 시체가 이 광야에 엎드러질 것이라 너희 이십세 이상으로 계수함을 받은 자 곧 나를 원망한 자의 전부가 여분네의 아들 갈렙과 눈의 아들 여호수아 외에는 내가 맹세하여 너희로 거하게 하리라 한 땅에 결단코 들어가지 못하리라
>
> 너희가 사로잡히겠다고 말하던 너희의 유아들은 내가 인도하여 들이리니 그들은 너희가 싫어하던 땅을 보려니와 너희 시체는 이 광야에 엎드러질 것이요 너희 자녀들은 너희의 패역한 죄를 지고 너희의 시체가 광야에서 소멸되기까지 사십년을 광야에서 유리하는 자가 되리라 너희가 그 땅을 탐지한 날수 사십일의 하루를 일년으로 환산하여 그 사십년간 너희가 너희의 죄악을 질찌니 너희가 나의 싫어 버림을 알리라 하셨다 하라 나 여호와가 말하였거니와 모여 나를 거역하는 이 악한 온 회중에게 내가 단정코 이같이 행하리니 그들이 이 광야에서 소멸되어 거기서 죽으리라(민수기Num 14:26~30)

오직 하나님께서 공급해 주시는 만나와 메추라기 그리고 생명수로 삶을 영위하고, 낮에는 구름 기둥과 밤에는 불기둥으로 그들을 인도하셨던 광야 생활을 체험하기 위해 베두인 촌락을 찾았으나 베두인들의 천막과 노점상들만이 반길 뿐이었다.

13 • 느보산 Mount Nebo

가나안으로 건너가지 못하는 모세

모세가 모압 평지에서 느보산에 올라 여리고 맞은편 비스가산 꼭대기에 이르매 여호와께서 길르앗 온 땅을 단까지 보이시고 또 온 납달리와 에브라임과 므낫세의 땅과 서해까지의 유다 온 땅과 남방과 종려의 성읍 여리고 골짜기 평지를 소알까지 보이시고 여호와께서 그에게 이르시되 이는 내가 아브라함과 이삭과 야곱에게 맹세하여 그 후손에게 주리라 한 땅이라 내가 네 눈으로 보게 하였거니와 너는 그리로 건너가지 못하리라 하시매(신명기Deut 34:1~4)

14 · 새로운 지도자 여호수아

너는 마음을 강하게 하고 담대히 하라

모세가 약속의 땅 가나안을 목전에 두고 죽고 모세의 칼이며 하나님과 대면할 때 분신과 같이 함께하던 여호수아가 이스라엘 백성의 새로운 지도자가 되어 광야의 여정을 이어갔다. 하나님께서 여호수아에게 큰 권위를 주셔서, 모든 지파가 모세를 따랐던 것과 같이 여호수아의 명령을 따르며 말씀에 청종할 것을 약속하였다.

여호와의 종 모세가 죽은 후에 여호와께서 모세의 시종 눈의 아들 여호수아에게 일러 가라사대 내 종 모세가 죽었으니 이제 너는 이 모든 백성으로 더불어 일어나 이 요단을 건너 내가 그들 곧 이스라엘 자손에게 주는 땅으로 가라 내가 모세에게 말한 바와 같이 무릇 너희 발바닥으로 밟는 곳을 내가 다 너희에게 주었노니 곧 광야와 이 레바논에서부터 큰 하수 유브라데에 이르는 헷 족속의 온 땅과 또 해 지는 편 대해까지 너희 지경이 되리라 너의 평생에 너를 능히 당할 자 없으리니 내가 모세와 함께 있던것 같이 너와 함께 있을 것임이라 내가 너를 떠나지 아니하며 버리지 아니하리니 마음을 강하게 하라 담대히 하라 너는 이 백성으로 내가 그 조상에게 맹세하여 주리라 한 땅을 얻게 하리라(여호수아Josh 1:1~6)

요단강

요단강을 건너 풍요로운 약속의 땅 가나안의 길갈로

꿀같이 달콤한 대추야자 숲

가나안 정복의 전초기지 길갈

오직 너는 마음을 강하게 하고 극히 담대히 하여 나의 종 모세가 네게 명한 율법을 다 지켜 행하고 좌로나 우로나 치우치지 말라 그리하면 어디로 가든지 형통하리니 이 율법책을 네 입에서 떠나지 말게 하며 주야로 그것을 묵상하여 그 가운데 기록한대로 다 지켜 행하라 그리하면 네 길이 평탄하게 될 것이라 네가 형통하리라 내가 네게 명한 것이 아니냐 마음을 강하게 하고 담대히 하라 두려워 말며 놀라지 말라 네가 어디로 가든지 네 하나님 여호와가 너와 함께 하느니라 하시니라(여호수아Josh 1:7~9)

정월 십일에 백성이 요단에서 올라와서 여리고 동편 지경 길갈에 진 치매 여호수아가 그 요단에서 가져 온 열 두 돌을 길갈에 세우고 이스라엘 자손들에게 일러 가로되 후일에 너희 자손이 그 아비에게 묻기를 이 돌은 무슨 뜻이냐 하거든 너희는 자손에게 알게 하여 이르기를 이스라엘이 마른 땅을 밟고 이 요단을 건넜음이라 너희 하나님 여호와께서 요단 물을 너희 앞에 마르게 하사 너희로 건너게 하신 것이 너희 하나님 여호와께서 우리 앞에 홍해를 말리시고 우리로 건너게 하심과 같았나니 이는 땅의 모든 백성으로 여호와의 손이 능하심을 알게 하며 너희로 너희 하나님 여호와를 영원토록 경외하게 하려 하심이라 하라(여호수아Josh 4:19~22)

이스라엘 자손들이 여호와의 말씀을 청종치 아니하므로 여호와께서 그들에게 대하여 맹세하사 그들의 열조에게 맹세하여 우리에게 주마 하신 땅 곧 젖과 꿀이 흐르는 땅을 그들로 보지 못하게 하리라 하시매 애굽에서 나온 족속 곧 군사들이 다 멸절하기까지 사십년 동안을 광야에 행하였더니 그들의 대를 잇게 하신 이 자손에게 여호수아가 할례를 행하였으니 길에서는 그들에게 할례를 행치 못하였으므로 할례 없는 자가 되었음이었더라 온 백성에게 할례 행하기를 필하매 백성이 진중 각 처소에 처하여 낫기를 기다릴 때에 여호와께서 여호수아에게 이르시되 내가 오늘날 애굽의 수치를 너희에게서 굴러가게 하였다 하셨으므로 그곳 이름을 오늘까지 길갈이라 하느니라 이스라엘 자손들이 길갈에 진쳤고 그 달 십 사일 저녁에는 여리고 평지에서 유월절을 지켰고 유월절 이튿날에 그 땅 소산을 먹되 그 날에 무교병과 볶은 곡식을 먹었더니 그 땅 소산을 먹은 다음 날에 만나가 그쳤으니 이스라엘 사람들이 다시는 만나를 얻지 못하였고 그 해에 가나안 땅의 열매를 먹었더라(여호수아Josh 5:6~12)

40년 동안 광야를 헤매던 이스라엘 백성들은 여호수아의 영도 아래 요단강을 건너 길갈에 진을 쳤다. 이곳에서 여호수아는 하나님의 명령에 따라, 광야에서 나서 할례받지 못한 백성들에게 할례를 행하고 여리고 정복을 준비하였다.

15·흔적없는 여리고 Jericho

여리고는 예루살렘에서 북동쪽 36km 지점과 요단 계곡의 서부 산지 사이에 있는 낮은 평지에 있다. 여호와께서는 모든 군사가 여리고 성 주위를 매일 한 번씩 엿새 동안 돌고 제 칠일에는 성을 일곱 번 돌며 제사장들은 나팔을 불고 온 백성이 큰 소리로 외쳐 부르라고 명령하셨고, 여호수아는 말씀대로 순종하여 무너진 여리고 성을 취하였다. 하지만 정탐꾼을 숨겨준 라합의 집은 살아남아 예수 그리스도의 계보에 기록되는 축복을 받았다.

여호수아가 백성에게 이르기를 마치매 제사장 일곱이 일곱 양각나팔을 잡고 여호와 앞에서 진행하며 나팔을 불고 여호와의 언약궤는 그 뒤를 따르며 무장한 자들은 나팔 부는 제사장들 앞에서 진행하며 후군은 궤 뒤에 행하고 제사장들은 나팔을 불며 행하더라 여호수아가 백성에게 명하여 가로되 너희는 외치지 말며 너희 음성을 들레지 말며 너희 입에서 아무 말도 내지 말라 그리하다가 내가 너희에게 명하여 외치라 하는 날에 외칠찌니라 하고 여호와의 궤로 성을 한번 돌게 하니라 무리가 진에 돌아와서 진에서 자니라 여호수아가 아침에 일찌기 일어나니라 제사장들이 여호와의 궤를 메고 일곱 제사장은 일곱 양각나팔을 잡고 여호와의 궤 앞에서 계속 진행하며 나팔을 불고 무장한 자들은 그 앞에 행하며 후군은 여호와의 궤 뒤에 행하고 제사장들은 나팔을 불며 행하니라 그 제 이일에도 성을 한번 돌고 진에 돌아 오니라 엿새 동안을 이같이 행하니라 제 칠일 새벽에 그들이 일찌기 일어나서 여전한 방식으로 성을 일곱번 도니 성을 일곱번 돌기는 그날 뿐이었더라 일곱번째에 제사장들이 나팔을 불 때에 여호수아가 백성에게 이르되 외치라 여호와께서 너희에게 이 성을 주셨느니라(여호수아Josh 6:8~16)

무너진 여리고 옛 성터

이에 백성은 외치고 제사장들은 나팔을 불매 백성이 나팔 소리를 듣는 동시에 크게 소리질러 외치니 성벽이 무너져 내린지라 백성이 각기 앞으로 나아가 성에 들어가서 그 성을 취하고 성 중에 있는 것을 다 멸하되 남녀 노유와 우양과 나귀를 칼날로 멸하니라 여호수아가 그 땅을 정탐한 두 사람에게 이르되 그 기생의 집에 들어 가서 너희가 그 여인에게 맹세한 대로 그와 그에게 속한 모든 것을 이끌어내라 하매 정탐한 소년들이 들어가서 라합과 그 부모와 그 형제와 그에게 속한 모든 것을 이끌어 내고 또 그 친족도 다 이끌어 내어 그들을 이스라엘 진 밖에 두고 무리가 불로 성읍과 그 가운데 있는 모든것을 사르고 은금과 동철 기구는 여호와의 집 곳간에 두었더라

"And the wall fell down flat"

여호수아가 기생 라합과 그 아비의 가족과 그에게 속한 모든 것을 살렸으므로 그가 오늘날까지 이스라엘 중에 거하였으니 이는 여호수아가 여리고를 탐지하려고 보낸 사자를 숨겼음이었더라 여호수아가 그 때에 맹세로 무리를 경계하여 가로되 이 여리고성을 누구든지 일어나서 건축하는 자는 여호와 앞에서 저주를 받을 것이라 그 기초를 쌓을 때에 장자를 잃을 것이요 문을 세울 때에 계자를 잃으리라 하였더라 여호와께서 여호수아와 함께 하시니 여호수아의 명성이 그 온 땅에 퍼지니라(여호수아Josh 6:20~27)

여리고 전경

16 · 기브온 Gibeon

여호수아를 속인 기브온 주민

무리가 그들의 양식을 취하고는 어떻게 할지를 여호와께 묻지 아니하고 여호수아가 곧 그들과 화친하여 그들을 살리리라는 조약을 맺고 회중 족장들이 그들에게 맹세하였더라
그 날에 여호수아가 그들을 여호와께서 택하신 곳에서 회중을 위하며 여호와의 제단을 위하여 나무를 패며 물을 긷는 자들로 삼았더니 오늘까지 이르니라(여호수아Josh 9:14~15, 27)

사무엘의 묘관

기브온 사람들이 길갈 진에 보내어 여호수아에게 전언하되 당신의 종들 돕기를 더디게 마시고 속히 우리에게 올라와서 우리를 구조하소서 산지에 거하는 아모리 사람의 왕들이 다 모여 우리를 치나이다 하매 여호수아가 모든 군사와 용사로 더불어 길갈에서 올라가니라 때에 여호와께서 여호수아에게 이르시되 그들을 두려워 말라 내가 그들을 네 손에 붙였으니 그들의 한 사람도 너를 당할 자 없으리라 하신지라

여호수아가 길갈에서 밤새도록 올라가서 그들에게 갑자기 이르니 여호와께서 그들을 이스라엘 앞에서 패하게 하시므로 여호수아가 그들을 기브온에서 크게 도륙하고 벧호론에 올라가는 비탈에서 추격하여 아세가와 막게다까지 이르니라 그들이 이스라엘 앞에서 도망하여 벧호론의 비탈에서 내려갈 때에 여호와께서 하늘에서 큰 덩이 우박을 아세가에 이르기까지 내리우시매 그들이 죽었으니 이스라엘 자손의 칼에 죽은 자보다 우박에 죽은 자가 더욱 많았더라(여호수아Josh 10:6~11)

기브온은 예루살렘에서 벧엘로 가는 길목 10km 에브라임 산지 북쪽 아얄론 골짜기 언덕에 있다. 여호수아가 여리고와 아이를 쳐서 진멸하자 주변 나라들은 연합해서 이스라엘과 싸우고자 하였으나 기브온 거민들은 화친을 원했다.

그래서 길갈로 사신을 보내면서, 낡고 찢어진 의복과 곰팡이 난 떡으로 먼 지방에서 온 것처럼 여호수아를 속여 생명을 보존하고 이스라엘을 위하여 나무 패며 물긷는 자가 되었다. 후에 기브온은 이스라엘과의 화친으로 인하여 주변국들의 침략을 받았으나 이스라엘의 하나님에 의해 구원을 받았다.

사무엘의 묘관이 있는 기브온 이슬람 사원

17 · 아얄론 골짜기 Ayalon Vally 태양이 머문 골짜기

여호와께서 이스라엘을 위해 싸우셨다

여호와께서 아모리 사람을 이스라엘 자손에게 붙이시던 날에 여호수아가 여호와께 고하되 이스라엘 목전에서 가로되 태양아 너는 기브온 위에 머무르라 달아 너도 아얄론 골짜기에 그리할찌어다 하매 태양이 머물고 달이 그치기를 백성이 그 대적에게 원수를 갚도록 하였느니라 야살의 책에 기록되기를 태양이 중천에 머물러서 거의 종일토록 속히 내려가지 아니하였다 하지 아니하였느냐 여호와께서 사람의 목소리를 들으신 이 같은 날은 전에도 없었고 후에도 없었나니 이는 여호와께서 이스라엘을 위하여 싸우셨음이니라(여호수아Josh 10:12~14)

18 • 라기스 Lachhish

히스기야왕 십 사년에 앗수르 왕 산헤립이 올라와서 유다 모든 견고한 성읍들을 쳐서 취하매 유다 왕 히스기야가 라기스로 보내어 앗수르 왕에게 이르되 내가 범죄하였나이다 나를 떠나 돌아가소서 왕이 내게 지우시는 것을 내가 당하리이다 하였더니 앗수르 왕이 곧 은 삼백 달란트와 금 삼십 달란트를 정하여 유다 왕 히스기야로 내게 한지라 히스기야가 이에 여호와의 전과 왕궁 곳간에 있는 은을 다 주었고 또 그 때에 유다 왕 히스기야가 여호와의 전 문의 금과 자기가 모든 기둥에 입힌 금을 벗겨 모두 앗수르 왕에게 주었더라 (여호수아Josh 1:7~9)

예루살렘으로 가는 길목에 위치한 라기스는 기브온 전투에서 이스라엘이 점령하였다. 르호보암 시대에 애굽의 공격에 대비하여 이중으로 토성을 쌓았으나 히스기야 왕 시대에 산헤립에 의해 처참하게 무너졌다. 후에 요시야 시대에 재건되어 요새로 쓰였으나 결국 B.C. 588년 바벨론 느브갓네살에 의해 무너졌다. 이후 바벨론과 이집트 그리고 로마가 이 지역을 지배했지만, 지금은 이스라엘이 주인이 되어 관리하고 있다. 버려진 황폐한 언덕으로 돌무더기만 쌓여있던 라기스는 예루살렘에서 남서쪽 40km에 있으며 최근 성서 고고학자들이 왕국의 전차 기지와 잊혀진 역사의 유적을 찾고 있다.

19 • 실로 Shiloh

열두지파의 기업을 정하다

이스라엘 자손의 온 회중이 실로에 모여서 거기 회막을 세웠으니 그 땅이 이미 그들의 앞에 돌아와 복종하였음이나
여호수아가 그들을 위하여 실로 여호와 앞에서 제비 뽑고 그가 거기서 이스라엘 자손의 분파대로 땅을 분배하였더라(여호수아Josh 18:1, 10)

실로로 들어가는 길

잘 닦여진 숲길로 들어서니 사방이 파헤쳐 놓은 돌들로 무성한 것이 마치 채석장 같다. 안내인은 "여기가 실로요" 하며 실로에 대해 소개한다. 실로는 가나안 땅 에브라임의 성읍이며, 여호수아가 이스라엘의 열두 지파 중 일곱 지파의 땅을 제비 뽑아 분배한 곳이다.

돌무더기 사이로 일꾼 같지 않은 일꾼들이 열심히 땀을 흘리고 있어 자세히 살펴보니 어린아이로부터 초, 중, 고 학생, 노인까지 다양한 연령대의 사람들이다. 그늘도 없는 돌무더기에서 땀을 닦는 부녀자들, 무엇인가 측량하는 그들의 모습이 신기해서 찾아가 물어보니 캐나다에서 가족들

과 자원봉사를 하기 위해 왔다고 대답한다. 참으로 의미 있는 일을 하는 것이 아닌가?

돌밭 길 사이에는 잘 다듬어진 바윗돌 벽돌이 수없이 발굴되고 있으나 무엇 때문인지, 또 어떤 건물의 기초인지 짐작이 안 간다. 처음부터 실로를 찾을 것이면 땀 한 방울 보탤 수 있었을 터인데 빠듯한 일정에 송구한 마음으로 기록을 찾았다.

발굴 중인 실로 유적

자원 봉사자들이 역사를 캐고 있는 실로

언덕 위 가장 높은 자리에는 이슬람 사원이 있다. 왠지 이곳은 이스라엘의 회막이 있던 그 자리가 아닌가 싶다. 이곳 실로에 여호와의 집회막과 언약궤가 있었으나 블레셋의 침공으로 언약궤를 빼앗겼을 뿐만 아니라 여호와의 제사장으로 있었던 엘리의 두 아들 홉니와 비느하스가 전사하였다.

사무엘의 아버지 엘가나는 매년 여호와께 제사를 드리러 이곳에 올라왔다. 이곳에서 사무엘의 어머니 한나의 슬픈 기도가 울려 퍼지고 어린 사무엘에게 여호와의 음성이 들여왔다고 생각하니 숙연해지는 마음에 하늘을 바라보게 된다.

엘리의 두 아들은 여호와께 범죄함으로 엘리의 집은 저주를 받아 영영토록 심판을 받았고 사무엘이 이곳 실로에서 여호와의 선지자로 세움을 받아 이스라엘을 다스렸다.

사무엘의 어머니 한나의 기도

이 사람이 매년에 자기 성읍에서 나와서 실로에 올라가서 만군의 여호와께 경배하며 제사를 드렸는데 엘리의 두 아들 홉니와 비느하스가 여호와의 제사장으로 거기 있었더라
한나가 마음이 괴로와서 여호와께 기도하고 통곡하며 서원하여 가로되 만군의 여호와여 만일 주의 여종의 고통을 돌아보시고 나를 생각하시고 주의 여종을 잊지 아니하사 아들을 주시면 내가 그의 평생에 그를 여호와께 드리고 삭도를 그 머리에 대지 아니하겠나이다(사무엘상1Sam 1:3, 10~11)

20 · 벧세메스 Beth-Shemesh

여호와의 궤가 블레셋 사람의 지방에 있은지 일곱 달이라 블레셋 사람이 제사장들과 복술자들을 불러서 이르되 우리가 여호와의 궤를 어떻게 할꼬 그것을 어떻게 본처로 보낼 것을 우리에게 가르치라 그들이 가로되 이스라엘 신의 궤를 보내려거든 거저 보내지 말고 그에게 속건제를 드려야 할찌니라 그리하면 병도 낫고 그 손을 너희에게서 옮기지 아니하는 연고도 알리라(사무엘상 6:1~3)

돌아온 언약궤

B.C. 1050년 블레셋이 실로를 공격하여 하나님의 궤를 탈취하여 블레셋으로 가지고 왔으나 그 때부터 재앙이 몰아닥쳐 언약궤가 닿는 곳마다 죽음과 독종의 환란을 당하였다.

성읍들의 부르짖음이 하늘에 사무치자, 블레셋 사람들은 여호와의 궤를 이스라엘로 돌려보내기로 하고 멍에를 메어보지 아니한 젖소에게 수레를 메우고 벧세메스로 가게 하였다.

여호와의 궤와 및 금쥐와 그들의 독종의 형상을 담은 상자를 수레 위에 실으니 암소가 벧세메스 길로 바로 행하여 대로로 가며 갈 때에 울고 좌우로 치우치지 아니하였고 블레셋 방백들은 벧세메스 경계까지 따라 가니라 벧세메스 사람들이 골짜기에서 밀을 베다가 눈을 들어 궤를 보고 그것의 보임을 기뻐하더니 수레가 벧세메스 사람 여호수아의 밭 큰 돌 있는 곳에 이르러 선지라 무리가 수레의 나무를 패고 그 소를 번제로 여호와께 드리고 레위인은 여호와의 궤와 그 궤와 함께 있는 금 보물 담긴 상자를 내려다가 큰 돌 위에 두매 그 날에 벧세메스 사람들이 여호와께 번제와 다른 제를 드리니라(사무엘상1Sam 6:11~15)

기랏여아림 사람들이 와서 여호와의 궤를 옮겨 산에 사는 아비나답의 집에 들여 놓고 그 아들 엘리아살을 거룩히 구별하여 여호와의 궤를 지키게 하였더니 궤가 기랏여아림에 들어간 날부터 이십년 동안을 오래 있은지라 이스라엘 온 족속이 여호와를 사모하니라(사무엘상1Sam 7:1~2)

벧세메스 사람들은 여호와의 궤가 돌아옴을 기뻐하였으나 여호와의 궤를 들여다본 연고로 백성들이 많이 죽자 궤를 기럇여아림 사람에게 보내어 아비나답의 집에서 지키도록 하였고 다윗이 왕이 되어 다윗 성으로 옮기기까지 아비나답의 집에 거하였다.

벧세메스 제단터

21 · 그리심산 Mt. Gerizim, 에발산 Mt. Ebal 축복과 저주의 산

사마리아 산지 남쪽 10km 지점에 그리심산과 에발산이 마주하고 있다. 모세는 이스라엘 백성들이 하나님께서 베푸신 그 큰 기적과 이적을 기억하고 오직 하나님만 사랑하고 하나님께서 정하신 법도와 규례를 지키기를 간절히 원했다.

장차 가나안 땅에서 얻을 비옥한 땅에서 축복받아 배부르게 되면 광야에서 그랬던 것처럼 하나님을 배반하고 우상을 섬길 것을 염려하였다. 하나님의 능력을 알고도 갈팡질팡하는 이스라엘 백성들에게 하나님의 엄한 교훈을 강조하였다.

이러므로 너희는 나의 이 말을 너희 마음과 뜻에 두고 또 그것으로 너희 손목에 매어 기호를 삼고 너희 미간에 붙여 표를 삼으며 또 그것을 너희의 자녀에게 가르치며 집에 앉았을 때에든지, 길에 행할 때에든지, 누웠을 때에든지, 일어날 때에든지 이 말씀을 강론하고 또 네 집 문설주와 바깥 문에 기록하라 그리하면 여호와께서 너희 열조에게 주리라고 맹세하신 땅에서 너희의 날과 너희 자녀의 날이 많아서 하늘이 땅을 덮는 날의 장구함 같으리라

너희가 만일 내가 너희에게 명하는 이 모든 명령을 잘 지켜 행하여 너희 하나님 여호와를 사랑하고 그 모든 도를 행하여 그에게 부종하면 여호와께서 그 모든 나라 백성을 너희 앞에서 다 쫓아 내실

그리심 산

것이라 너희가 너희보다 강대한 나라들을 얻을 것인즉 너희의 발바닥으로 밟는 곳은 다 너희 소유가 되리니 너희의 경계는 곧 광야에서부터 레바논까지와 유브라데 하수라 하는 하수에서 서해까지라 너희 하나님 여호와께서 너희에게 말씀하신대로 너희 밟는 모든 땅 사람들로 너희를 두려워하고 무서워하게 하시리니 너희를 능히 당할 사람이 없으리라

내가 오늘날 복과 저주를 너희 앞에 두나니 너희가 만일 내가 오늘날 너희에게 명하는 너희 하나님 여호와의 명령을 들으면 복이 될 것이요 너희가 만일 내가 오늘날 너희에게 명하는 도에서 돌이켜 떠나 너희 하나님 여호와의 명령을 듣지 아니하고 본래 알지 못하던 다른 신들을 좇으면 저주를 받으리라

네 하나님 여호와께서 네가 가서 얻을 땅으로 너를 인도하여 들이실 때에 너는 그리심산에서 축복을 선포하고 에발산에서 저주를 선포하라 이 두 산은 요단강 저편 곧 해 지는 편으로 가는 길 뒤 길갈 맞은편 모레 상수리나무 곁의 아라바에 거하는 가나안 족속의 땅에 있지 아니하냐 너희가 요단을 건너 너희 하나님 여호와께서 너희에게 주시는 땅에 들어가서 얻으려 하나니 반드시 그것을 얻어 거기 거할찌라 내가 오늘날 너희 앞에 베푸는 모든 규례와 법도를 너희는 지켜 행할찌니라
(신명기Deut 11:18~32)

에발 산

하나님께서 이스라엘에게 하신 일

여호수아가 이스라엘 모든 지파를 세겜에 모으고 이스라엘 장로들과 그 두령들과 재판장들과 유사들을 부르매 그들이 하나님 앞에 보인지라 여호수아가 모든 백성에게 이르되 이스라엘 하나님 여호와의 말씀에 옛적에 너희 조상들 곧 아브라함의 아비, 나홀의 아비 데라가 강 저편에 거하여 다른 신들을 섬겼으나 내가 너희 조상 아브라함을 강 저편에서 이끌어내어 가나안으로 인도하여 온 땅을 두루 행하게 하고 그 씨를 번성케 하려고 그에게 이삭을 주었고 이삭에게는 야곱과 에서를 주었으며 에서에게는 세일산을 소유로 주었으나 야곱과 그 자손들은 애굽으로 내려갔으므로 내가 모세와 아론을 보내었고 또 애굽에 재앙을 내렸나니 곧 내가 그 가운데 행한 것과 같고 그 후에 너희를 인도하여 내었었노라

내가 너희 열조를 애굽에서 인도하여 내어 바다에 이르게 한즉 애굽 사람이 병거와 마병을 거느리고 너희 열조를 홍해까지 따르므로 너희 열조가 나 여호와께 부르짖기로 내가 너희와 애굽 사람 사이에 흑암을 두고 바다를 이끌어 그들을 덮었었나니 내가 애굽에서 행한 일을 너희가 목도하였으며 또 너희가 여러 날을 광야에 거하였었느니라 내가 또 너희를 인도하여 요단 저편에 거하는 아모

리 사람의 땅으로 들어가게 하매 그들이 너희와 싸우기로 내가 그들을 너희 손에 붙이매 너희가 그 땅을 점령하였고 나는 그들을 너희 앞에서 멸절시켰으며 때에 모압 왕 십볼의 아들 발락이 일어나 이스라엘을 대적하여 사람을 보내어 브올의 아들 발람을 불러다가 너희를 저주케 하려 하였으나 내가 발람을 듣기를 원치 아니한고로 그가 오히려 너희에게 축복하였고 나는 너희를 그 손에서 건져내었으며 너희가 요단을 건너 여리고에 이른즉 여리고 사람과 아모리 사람과 브리스 사람과 가나안 사람과 헷 사람과 기르가스 사람과 히위 사람과 여부스 사람들이 너희와 싸우기로 내가 그들을 너희의 손에 붙였으며 내가 왕벌을 너희 앞에 보내어 그 아모리 사람의 두 왕을 너희 앞에서 쫓아내게 하였나니 너희 칼로나 너희 활로나 이 같이 한 것이 아니며 내가 또 너희의 수고하지 아니한 땅과 너희가 건축지 아니한 성읍을 너희에게 주었더니 너희가 그 가운데 거하며 너희가 또 자기의 심지 아니한 포도원과 감람원의 과실을 먹는다 하셨느니라

그러므로 이제는 여호와를 경외하며 성실과 진정으로 그를 섬길 것이라 너희의 열조가 강 저편과 애굽에서 섬기던 신들을 제하여 버리고 여호와만 섬기라 만일 여호와를 섬기는 것이 너희에게 좋지 않게 보이거든 너희 열조가 강 저편에서 섬기던 신이든지 혹 너희의 거하는 땅 아모리 사람의 신이든지 너희 섬길 자를 오늘날 택하라 오직 나와 내 집은 여호와를 섬기겠노라(여호수아 24:1~15)

22 · 벧 구브린 Bet Guvrin – 마레사 Mareshah

백만 군대를 이긴 유다 지파의 성읍

유다 자손의 지파가 그 가족대로 얻은 기업은 이러하니라(여호수아Josh 15:20)

그일라와 악십과 마레사니 모두 아홉 성읍이요 또 그 촌락이었으며 (여호수아Josh 15:44)

구스 사람 세라가 저희를 치려하여 군사 백만과 병거 삼백승을 거느리고 마레사에 이르매 아사가 마주 나아가서 마레사의 스바다 골짜기에 진 치고 그 하나님 여호와께 부르짖어 가로되 여호와여 강한 자와 약한 자 사이에는 주 밖에 도와줄 이가 없사오니 우리 하나님 여호와여 우리를 도우소서 우리가 주를 의지하오며 주의 이름을 의탁하옵고 이 많은 무리를 치러 왔나이다 여호와여 주는 우리 하나님이시오니 원컨대 사람으로 주를 이기지 못하게 하옵소서 하였더니 여호와께서 구스 사람을 아사와 유다 사람 앞에서 쳐서 패하게 하시니 구스 사람이 도망하는지라(역대하1Chr 14:9~12)

23 · 소렉 골짜기 Valley of Sorek 삼손과 데릴라

이스라엘 자손이 여호와의 목전에 악을 행하여 바알들을 섬기며 애굽 땅에서 그들을 인도하여 내신 그 열조의 하나님 여호와를 버리고 다른 신 곧 그 사방에 있는 백성의 신들을 좇아 그들에게 절하여 여호와를 진노하시게 하였으되 곧 그들이 여호와를 버리고 바알과 아스다롯을 섬겼으므로 여호와

께서 이스라엘에게 진노하사 노략하는 자의 손에 붙여 그들로 노략을 당케 하시며 또 사방 모든 대적의 손에 파시매 그들이 다시는 대적을 당치 못하였으며 그들이 어디를 가든지 여호와의 손이 그들에게 재앙을 내리시매 곧 여호와께서 말씀하신 것과 같고 여호와께서 그들에게 맹세하신 것과 같아서 그들의 괴로움이 심하였더라 여호와께서 사사를 세우사 노략하는 자의 손에서 그들을 건져내게 하셨으나(사사기Judg 2:11~16)

소렉 골짜기

여호수아가 죽은 후 이스라엘 자손들은 여호와께서 이스라엘에게 행하신 그 큰일을 알지 못했으며 바알과 잡신들을 섬겨 하나님의 진노를 피할 수 없었다.

사무엘을 포함하여 13명의 사사들이 약 400년간 통치했던 기간을 사사시대라고 한다면 그중에 한 편의 영화와 같은 사랑과 배신, 파멸의 스토리가 있는 삼손의 이야기는 성지를 순례하는 이들에게 좋은 코스가 된다. 베들레헴에서 서쪽 21km지점에 있는 소렉 골짜기에는 삼손의 고향인 소라가 있으며 들릴라와 사랑을 나누었다는 소렉 동굴이 있어 순례자들을 맞이하고 있다.

이스라엘 자손이 다시 여호와의 목전에 악을 행하였으므로 여호와께서 그들을 사십년 동안 블레셋 사람의 손에 붙이시니라 소라 땅에 단 지파의 가족중 마노아라 이름하는 자가 있더라 그 아내가 잉태하지 못하므로 생산치 못하더니 여호와의 사자가 그 여인에게 나타나시고 그에게 이르시되 보라 네가 본래 잉태하지 못하므로 생산치 못하였으나 이제 잉태하여 아들을 낳으리니 그러므로 너는 삼가서 포도주와 독주를 마시지 말찌며 무릇 부정한 것을 먹지 말찌니라 보라 네가 잉태하여 아들을 낳으리니 그 머리에 삭도를 대지 말라 이 아이는 태에서 나옴으로부터 하나님께 바치운 나실인이 됨이라 그가 블레셋 사람의 손에서 이스라엘을 구원하기 시작하리라

여인이 아들을 낳으매 이름을 삼손이라 하니라 아이가 자라매 여호와께서 그에게 복을 주시더니 소라와 에스다올 사이 마하네단에서 여호와의 신이 비로소 그에게 감동하시니라
(사사기Judg 13:1~5, 24~25)

석회암으로 이루어진 소렉 골짜기의 소렉 동굴

삼손의 사랑과 파멸

블레셋 사람의 때에 삼손이
이스라엘 사사로 이십년을 지내었더라
...이 후에 삼손이 소렉 골짜기의
들릴라라 이름하는 여인을 사랑하매
블레셋 사람의 방백들이 그 여인에게
올라와서 그에게 이르되
삼손을 꾀어서 무엇으로 말미암아
그 큰 힘이 있는지 우리가 어떻게 하면
그를 이기어서 결박하여 곤고케
할 수 있을는지 알아보라
그리하면 우리가 각각 은 일천 일백을
네게 주리라(사사기Judg 15:20, 16:4~5)

벨 동굴

24 • 엘라 골짜기Valley of Elah 골리앗 앞에 선 다윗

사사시대가 끝나갈 무렵 사무엘이 베냐민 족속 기브아 사람 사울을 택하여 그의 머리에 기름을 붓고 이스라엘의 초대 왕으로 세웠다. 40세에 왕이 된 사울은 사방에 있는 모든 대적들과 싸워 이겼다. 모압과 암몬 자손과 에돔과 소바의 왕들과 블레셋과 싸워 이겼을 뿐만 아니라 아말렉을 쳐서 이스라엘을 약탈하는 자들을 물리쳤다. 사울이 사는 날 동안 블레셋과의 전쟁이 끊이지 않았다. 하지만 사울은 하나님의 명령을 따르지 않아 하나님께 버림을 받았고 사무엘은 베들레헴 에브랏 사람 이새의 아들, 목동이었던 다윗을 택하여 그에게 기름을 부었다.

여호와께서 사무엘에게 이르시되 내가 이미 사울을 버려 이스라엘 왕이 되지 못하게 하였거늘 네가 그를 위하여 언제까지 슬퍼하겠느냐 너는 기름을 뿔에 채워가지고 가라 내가 너를 베들레헴 사람 이새에게로 보내리니 이는 내가 그 아들 중에서 한 왕을 예선하였음이니라(사무엘상1Sam 16:1)

블레셋 사람들이 그 군대를 모으고 싸우고자 하여 유다에 속한 소고에 모여 소고와 아세가 사이의 에베스담밈에 진 치매 사울과 이스라엘 사람들이 모여서 엘라 골짜기에 진 치고 블레셋 사람을 대하여 항오를 벌였으니 블레셋 사람은 이편 산에 섰고 이스라엘은 저편 산에 섰고 사이에는 골짜기가 있었더라 블레셋 사람의 진에서 싸움을 돋우는 자가 왔는데 그 이름은 골리앗이요 가드 사람이라 그 신장은 여섯 규빗 한 뼘이요 머리에는 놋투구를 썼고 몸에는 어린갑을 입었으니 그 갑옷의 중수가 놋 오천 세겔이며 그 다리에는 놋경갑을 쳤고 어깨 사이에는 놋단창을 메었으니 그 창자루는 베틀 채 같고 창날은 철 육백 세겔이며 방패 든 자는 앞서 행하더라 그가 서서 이스라엘 군대를 향하여 외쳐 가로되 너희가 어찌하여 나와서 항오를 벌였느냐 나는 블레셋 사람이 아니며 너희는 사울의 신복이 아니냐 너희는 한 사람을 택하여 내게로 내려보내라 그가 능히 싸워서 나를 죽이면 우

리가 너희의 종이 되겠고 만일 내가 이기어 그를 죽이면 너희가 우리의 종이 되어 우리를 섬길 것이니라 그 블레셋 사람이 또 가로되 내가 오늘날 이스라엘의 군대를 모욕하였으니 사람을 보내어 나로 더불어 싸우게 하라 한지라 사울과 온 이스라엘이 블레셋 사람의 이 말을 듣고 놀라 크게 두려워하니라(사무엘상1Sam 17:1~11)

다윗이 블레셋 사람에게 이르되 너는 칼과 창과 단창으로 내게 오거니와 나는 만군의 여호와의 이름 곧 네가 모욕하는 이스라엘 군대의 하나님의 이름으로 네게 가노라 오늘 여호와께서 너를 내 손에 붙이시리니 내가 너를 쳐서 네 머리를 베고 블레셋 군대의 시체로 오늘날 공중의 새와 땅의 들짐승에게 주어 온 땅으로 이스라엘에 하나님이 계신줄 알게 하겠고 또 여호와의 구원하심이 칼과 창에 있지 아니함을 이 무리로 알게 하리라 전쟁은 여호와께 속한 것인즉 그가 너희를 우리 손에 붙이시리라

블레셋 사람이 일어나 다윗에게로 마주 가까이 올 때에 다윗이 블레셋 사람을 향하여 빨리 달리며 손을 주머니에 넣어 돌을 가지고 물매로 던져 블레셋 사람의 이마를 치매 돌이 그의 이마에 박히니 땅에 엎드러지니라 다윗이 이같이 물매와 돌로 블레셋 사람을 이기고 그를 쳐죽였으나 자기 손에는 칼이 없었더라 다윗이 달려가서 블레셋 사람을 밟고 그의 칼을 그 칼 집에서 빼내어 그 칼로 그를 죽이고 그의 머리를 베니 블레셋 사람들이 자기 용사의 죽음을 보고 도망하는지라
(사무엘상1Sam 17:45~51)

블레셋 장군 골리앗을 하나님의 이름으로 물리친 다윗은 사울의 군대 장관이 되었다. 다윗이 블레셋을 물리치고 전쟁에서 돌아오자, 여인들이 "사울의 죽인 자는 천천이요 다윗은 만만이라" 하고 칭송했다. 이 일로 인하여 사울의 마음에 두려움과 시기가 들어옴으로 다윗을 죽이려고 하자 다윗은 도망자가 되었으나 그에게 사람들이 몰려와 큰 세력을 이루었다.

25 · 다윗과 요나단의 우정

다윗이 사울에게 말하기를 마치매 요나단의 마음이 다윗의 마음과 연락되어 요나단이 그를 자기 생명 같이 사랑하니라 그 날에 사울은 다윗을 머무르게 하고 그 아비의 집으로 다시 돌아가기를 허락지 아니하였고 요나단은 다윗을 자기 생명 같이 사랑하여 더불어 언약을 맺었으며 요나단이 자기의 입었던 겉옷을 벗어 다윗에게 주었고 그 군복과 칼과 활과 띠도 그리하였더라 다윗이 사울의 보내는 곳마다 가서 지혜롭게 행하매 사울이 그로 군대의 장을 삼았더니 온 백성이 합당히 여겼고 사울의 신하들도 합당히 여겼더라(사무엘상1Sam 18:1~5)

요나단이 다윗을 사랑하므로 그로 다시 맹세케 하였으니 이는 자기 생명을 사랑함 같이 그를 사랑함이었더라 요나단이 다윗에게 이르되 내일은 월삭인즉 네 자리가 비므로 네가 없음을 자세히 물으실

것이라 너는 사흘을 있다가 빨리 내려가서 그 일이 있던 날에 숨었던 곳에 이르러 에셀 바위 곁에 있으라 내가 과녁을 쏘려 함 같이 살 셋을 그 곁에 쏘고 아이를 보내어 가서 살을 찾으라 하며 내가 짐짓 아이에게 이르기를 보라 살이 네 이편에 있으니 가져오라 하거든 너는 돌아올찌니 여호와께서 사시거니와 네가 평안 무사할 것이요 만일 아이에게 이르기를 보라 살이 네 앞편에 있다 하거든 네 길을 가라 여호와께서 너를 보내셨음이니라 너와 내가 말한 일에 대하여는 여호와께서 너와 나 사이에 영영토록 계시느니라(사무엘상1Sam 20:17~23)

엔게디 골짜기 바위 동굴

다윗의 믹담 시,
영장으로 알다스헷에 맞춘 노래,
다윗이 사울을 피하여 굴에 있던 때에

하나님이여 나를 긍휼히 여기시고 나를 긍휼히 여기소서
내 영혼이 주께로 피하되 주의 날개 그늘 아래서
이 재앙이 지나기까지 피하리이다
내가 지극히 높으신 하나님께 부르짖음이여
곧 나를 위하여 모든 것을 이루시는 하나님께로다
저가 하늘에서 보내사 나를 삼키려는 자의 비방에서
나를 구원하실찌라(셀라)
하나님이 그 인자와 진리를 보내시리로다
내 혼이 사자 중에 처하며
내가 불사르는 자 중에 누웠으니
곧 인생 중에라 저희 이는 창과 살이요
저희 혀는 날카로운 칼 같도다
하나님이여 주는 하늘 위에 높이 들리시며
주의 영광은 온 세계 위에 높아지기를 원하나이다
저희가 내 걸음을 장애하려고 그물을 예비하였으니
내 영혼이 억울하도다
저희가 내 앞에 웅덩이를 팠으나
스스로 그 중에 빠졌도다(셀라)
하나님이여 내 마음이 확정되었고
내 마음이 확정되었사오니 내가 노래하고
내가 찬송하리이다
내 영광아 깰찌어다 비파야, 수금아, 깰찌어다
내가 새벽을 깨우리로다
주여 내가 만민 중에서 주께 감사하오며
열방 중에서 주를 찬송하리이다
대저 주의 인자는 커서 하늘에 미치고
주의 진리는 궁창에 이르나이다
하나님이여 주는 하늘 위에 높이 들리시며
주의 영광은 온 세계 위에 높아지기를 원하나이다
(시편Ps 57:1~11)

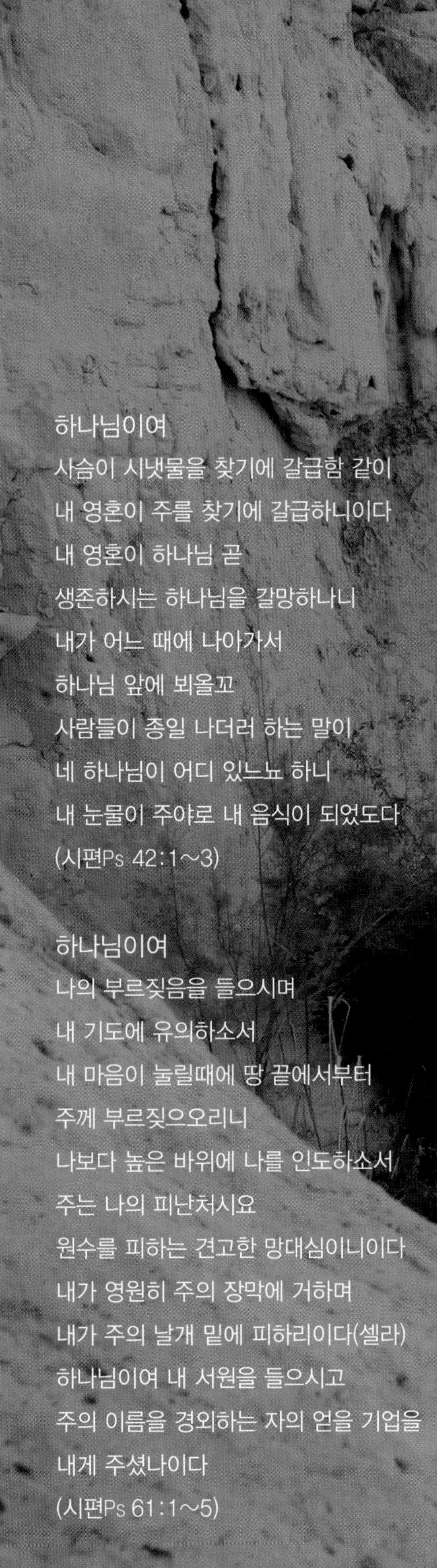

하나님이여
사슴이 시냇물을 찾기에 갈급함 같이
내 영혼이 주를 찾기에 갈급하니이다
내 영혼이 하나님 곧
생존하시는 하나님을 갈망하나니
내가 어느 때에 나아가서
하나님 앞에 뵈올꼬
사람들이 종일 나더러 하는 말이
네 하나님이 어디 있느뇨 하니
내 눈물이 주야로 내 음식이 되었도다
(시편Ps 42:1~3)

하나님이여
나의 부르짖음을 들으시며
내 기도에 유의하소서
내 마음이 눌릴때에 땅 끝에서부터
주께 부르짖으오리니
나보다 높은 바위에 나를 인도하소서
주는 나의 피난처시요
원수를 피하는 견고한 망대심이니이다
내가 영원히 주의 장막에 거하며
내가 주의 날개 밑에 피하리이다(셀라)
하나님이여 내 서원을 들으시고
주의 이름을 경외하는 자의 얻을 기업을
내게 주셨나이다
(시편Ps 61:1~5)

앤게디 폭포

26 · 엔게디 골짜기 Valley of En Gedi 다윗의 피난처

사울에게 핍박 당하는 다윗

자기를 따르는 무리와 함께 한없이 메마른 광야와 동굴로 유리하던 다윗의 마음은 어떠했을까? 다윗의 피난처는 지금도 황량하기 그지없다. 하지만 놀랍게도 다윗의 그 아름다운 시편은 고난 가운데 쓰여졌지만 희망을 노래한다. 엔게디 골짜기에서 만난 사울에게, 원수를 갚을 수 있음에도 보복하지 아니한 다윗의 믿음과 의리로 인해 이스라엘 역사에서 가장 위대한 왕으로 추앙받고 있다.

엔게디 골짜기의 에셀나무tamarisk

사울이 블레셋 사람을 따르다가 돌아오매 혹이 그에게 고하여 가로되 보소서 다윗이 엔게디 황무지에 있더이다 사울이 온 이스라엘에서 택한 사람 삼천을 거느리고 다윗과 그의 사람들을 찾으러 들염소 바위로 갈쌔 길 가 양의 우리에 이른즉 굴이 있는지라 사울이 그 발을 가리우러 들어가니라 다윗과 그의 사람들이 그 굴 깊은 곳에 있더니 다윗의 사람들이 가로되 보소서 여호와께서 당신에게 이르시기를 내가 원수를 네 손에 붙이리니 네 소견에 선한대로 그에게 행하라 하시더니 이것이 그 날이니이다 다윗이 일어나서 사울의 겉옷자락을 가만히 베니라(사무엘상1Sam 24:1~4)

다윗에게 이르되 나는 너를 학대하되 너는 나를 선대하니 너는 나보다 의롭도다 네가 나 선대한 것을 오늘 나타내었나니 여호와께서 나를 네 손에 붙이셨으나 네가 나를 죽이지 아니하였도다 사람이 그 원수를 만나면 그를 평안히 가게 하겠느냐 네가 오늘날 내게 행한 일을 인하여 여호와께서 네게 선으로 갚으시기를 원하노라 보라 나는 네가 반드시 왕이 될것을 알고 이스라엘 나라가 네 손에 견고히 설 것을 아노니 그런즉 너는 내 후손을 끊지 아니하며 내 아비의 집에서 내 이름을 멸하지 아니할 것을 이제 여호와로 내게 맹세하라(열왕기상1Kin 24:17~21)

27 · 벳산 Beit Shan

사울과 요나단의 죽음

사울과 그의 세 아들과 무기를 든 자와 그의 모든 사람이 다 그 날에 함께 죽었더라 골짜기 저쪽에 있는 이스라엘 사람과 요단 건너쪽에 있는 자들이 이스라엘 사람들이 도망한 것과 사울과 그의 아들들이 죽었음을 보고 성읍들을 버리고 도망하매 블레셋 사람들이 이르러 거기에서 사니라

로마인의 유적, 중앙대로

그 이튿날 블레셋 사람들이 죽은 자를 벗기러 왔다가 사울과 그의 세 아들이 길보아 산에서 죽은 것을 보고 사울의 머리를 베고 그의 갑옷을 벗기고 자기들의 신당과 백성에게 알리기 위하여 그것을 블레셋 사람들의 땅 사방에 보내고 그의 갑옷은 아스다롯의 집에 두고 그의 시체는 벧산 성벽에 못 박으매 길르앗 야베스 주민들이 블레셋 사람들이 사울에게 행한 일을 듣고 모든 장사들이 일어나 밤새도록 달려가서 사울의 시체와 그의 아들들의 시체를 벧산 성벽에서 내려 가지고 야베스에 돌아가서 거기서 불사르고 그의 뼈를 가져다가 야베스 에셀 나무 아래에 장사하고 칠 일 동안 금식하였더라(사무엘상1Sam 31:6~13

사울과 세 아들은 블레셋과의 길보아산 전투에서 모두 죽고 블레셋 사람들이 사울의 시체를 벧산 성벽에 매달았으나 길르앗 야베스 사람들이 사울과 세 아들의 시체를 취하여 장사를 지냈다.

사울이 죽은 후 다윗이 온 이스라엘의 왕이 되어 하나님을 경외하며 굳건한 기반위에 통일왕국을 세우고 이어서 화려한 솔로몬 왕 시대를 지나 느호보암 시대에 남북으로 분열했다가 북왕

국 이스라엘은 앗시리아에게 멸망하고 남왕국 유다는 바벨론에게 멸망하였다.

이스라엘은 선지자들의 예언대로 70년 만에 바벨론 포로 생활에서 해방되어 예루살렘으로 돌아와 나라를 재건하였으나 로마에 의해 다시 예루살렘이 점령당하면서 로마의 지배를 받게 되었다. 로마인들은 소아시아 전역과 팔레스타인을 장악하고 이스라엘을 지배하면서 예루살렘을 지

키기 위해 나사렛과 벳산에 진을 치고 아랍과 애굽을 견제하였다. 벳산은 애굽에서 다메섹이나 로마로 가는 길목에 있어 벳산과 지포리를 예루살렘에 버금가는 로마인들 특유의 도성으로 건축

벳산 야외극장에서 찬양 드리는 미주한인교회 연합 찬양단(에버레스팅)

하였다. 하지만 그토록 화려했던 도성과 요새도 갈릴리 지방의 대지진AD. 363을 견디지 못하고 무너졌다. 그 후에 벳산은 다시 수축되지 못하고 흔적만 남아있다.

사울과 요나단을 위한 다윗의 조가

이스라엘아 네 영광이 산 위에서 죽임을 당하였도다 오호라 두 용사가 엎드러졌도다 이 일을 가드에도 알리지 말며 아스글론 거리에도 전파하지 말지어다 블레셋 사람들의 딸들이 즐거워할까, 할례 받지 못한 자의 딸들이 개가를 부를까 염려로다 길보아 산들아 너희 위에 이슬과 비가 내리지 아니하며 제물 낼 밭도 없을지어다 거기서 두 용사의 방패가 버린 바 됨이니라 곧 사울의 방패가 기름 부음을 받지 아니함 같이 됨이로다 죽은 자의 피에서, 용사의 기름에서 요나단의 활이 뒤로 물러가지 아니하였으며 사

울의 칼이 헛되이 돌아오지 아니하였도다 사울과 요나단이 생전에 사랑스럽고 아름다운 자이러니 죽을 때에도 서로 떠나지 아니하였도다 그들은 독수리보다 빠르고 사자보다 강하였도다 이스라엘 딸들아 사울을 슬퍼하여 울지어다 그가 붉은 옷으로 너희에게 화려하게 입혔고 금 노리개를 너희 옷에 채웠도다 오호라 두 용사가 전쟁 중에 엎드러졌도다 요나단이 네 산 위에서 죽임을 당하였도다 내 형 요나단이여 내가 그대를 애통함은 그대는 내게 심히 아름다움이라 그대가 나를 사랑함이 기이하여 여인의 사랑보다 더하였도다 오호라 두 용사가 엎드러졌으며 싸우는 무기가 망하였도다 하였더라(사무엘하2Sam 1:19~27)

28 • 드고아 Dekoa

아모스 이사야의 고향

이스라엘 족속아 내가 너희에게 대하여 애가로 지은 이 말을 들으라 처녀 이스라엘이 엎드러졌음이여 다시 일어나지 못하리로다 자기 땅에 던지움이여 일으킬 자 없으리로다 주 여호와께서 가라사대 이스라엘 중에서 천명이 나가던 성읍에는 백명만 남고 백명이 나가던 성읍에는 열명만 남으리라 하셨느니라 여호와께서 이스라엘 족속에게 이르시기를 너희는 나를 찾으라 그리하면 살리라 벧엘을 찾지 말며 길갈로 들어가지 말며 브엘세바로도 나아가지 말라 길갈은 정녕 사로잡히겠고 벧엘은 허무하게 될 것임이라 하셨나니 너희는 여호와를 찾으라 그리하면 살리라 염려컨대 저가 불 같이 요셉의 집에 내리사 멸하시리니 벧엘에서 그 불들을 끌 자가 없을까 하노라(아모스Amos 5:1~6)

메시아의 나심을 예언한 선지자 이사야

전에 고통하던 자에게는 흑암이 없으리로다 옛적에는 여호와께서 스불론 땅과 납달리 땅으로 멸시를 당케 하셨더니 후에는 해변 길과 요단 저편 이방의 갈릴리를 영화롭게 하셨느니라 흑암에 행하던 백성이 큰 빛을 보고 사망의 그늘진 땅에 거하던 자에게 빛이 비취도다 주께서 이 나라를 창성케 하시며 그 즐거움을 더하게 하셨으므로 추수하는 즐거움과 탈취물을 나누는 때의 즐거움 같이 그들이 주의 앞에서 즐거워하오니 이는 그들의 무겁게 멘 멍에와 그 어깨의 채찍과 그 압제자의 막대기를 꺾으시되 미디안의 날과 같이 하셨음이니이다 어지러이 싸우는 군인의 갑옷과 피묻은 복장이 불에 섶 같이 살라지리니 이는 한 아기가 우리에게 났고 한 아들을 우리에게 주신바 되었는데 그 어깨에는 정사를 메었고 그 이름은 기묘자라, 모사라, 전능하신 하나님이라, 영존하시는 아버지라, 평강의 왕이라 할것임이라그 정사와 평강의 더함이 무궁하며 또 다윗의 위에 앉아서 그 나라를 굳게 세우고 자금 이후 영원토록 공평과 정의로 그것을 보존하실 것이라 만군의 여호와의 열심이 이를 이루시리라(이사야Is 9:1~6)

이새의 줄기에서 한 싹이 나며 그 뿌리에서 한 가지가 나서 결실할 것이요 여호와의 신 곧 지혜와 총명의 신이요 모략과 재능의 신이요 지식과 여호와를 경외하는 신이 그 위에 강림하시리니 그가 여호와를 경외함으로 즐거움을 삼을 것이며 그 눈에 보이는 대로 심판치 아니하며 귀에 들리는대로 판단치 아니하며 공의로 빈핍한 자를 심판하며 정직으로 세상의 겸손한 자를 판단할 것이며 그 입의 막대기로 세상을 치며 입술의 기운으로 악인을 죽일 것이며 공의로 그 허리띠를 삼으며 성실로 몸의 띠를 삼으리라 그 때에 이리가 어린 양과 함께 거하며 표범이 어린 염소와 함께 누우며 송아지와 어린 사자와 살찐 짐승이 함께 있어 어린 아이에게 끌리며 암소와 곰이 함께 먹으며 그것들의 새끼가 함께 엎드리며 사자가 소처럼 풀을 먹을 것이며 젖먹는 아이가 독사의 구멍에서 장난하며 젖뗀 어린 아이가 독사의 굴에 손을 넣을 것이라(이사야Is 11:1~8)

3부

생명의 결

갈릴리 호수

보라! 저 별, 베들레헴의 별이라

29 · 나사렛 Nazareth

메시아 탄생의 예언과 성취

그러므로 주께서 친히 징조로 너희에게 주실 것이라 보라 처녀가 잉태하여 아들을 낳을 것이요 그 이름을 임마누엘이라 하리라(이사야Is 7:14)

보라 처녀가 잉태하여 아들을 낳을 것이요 그 이름은 임마누엘이라 하리라 하셨으니 이를 번역한즉 하나님이 우리와 함께 계시다 함이라(마태복음Matt 1:23)

수태고지 교회

처녀가 잉태하여 아들을 낳으리니

여섯째 달에 천사 가브리엘이 하나님의 보내심을 받들어 갈릴리 나사렛이란 동네에 가서 다윗의 자손 요셉이라 하는 사람과 정혼한 처녀에게 이르니 그 처녀의 이름은 마리아라 그에게 들어가 가로되 은혜를 받은 자여 평안할찌어다 주께서 너와 함께하시도다 하니 처녀가 그 말을 듣고 놀라

이런 인사가 어찌함인고 생각하매 천사가 일러 가로되 마리아여 무서워 말라 네가 하나님께 은혜를 얻었느니라 보라 네가 수태하여 아들을 낳으리니 그 이름을 예수라 하라 저가 큰 자가 되고 지극히 높으신 이의 아들이라 일컬을 것이요 주 하나님께서 그 조상 다윗의 위를 저에게 주시리니 (누가복음Luke 1:26~32)

수태고지 옆 요셉 기념교회

예수 그리스도의 나심은 이러하니라 그 모친 마리아가 요셉과 정혼하고 동거하기 전에 성령으로 잉태된 것이 나타났더니 그 남편 요셉은 의로운 사람이라 저를 드러내지 아니하고 가만히 끊고자하여 이 일을 생각할 때에 주의 사자가 현몽하여 가로되 다윗의 자손 요셉아 네 아내 마리아 데려오기를 무서워 말라 저에게 잉태된 자는 성령으로 된 것이라 아들을 낳으리니 이름을 예수라 하라 이는 그가 자기 백성을 저희 죄에서 구원할 자이심이라 하니라 이 모든 일의 된 것은 주께서 선지자

로 하신 말씀을 이루려 하심이니 가라사대 보라 처녀가 잉태하여 아들을 낳을 것이요 그 이름은 임마누엘이라 하리라 하셨으니 이를 번역한즉 하나님이 우리와 함께 계시다 함이라요셉이 잠을 깨어 일어나서 주의 사자의 분부대로 행하여 그 아내를 데려왔으나 아들을 낳기까지 동침치 아니하더니 낳으매 이름을 예수라 하니라(마태복음Matt 1:18~25)

EXIT

콘스탄티누스 황제의 모후 헬레나 여사가 지은 수태고지 교회

어둠을 밝히는 빛

참빛 곧 세상에 와서 각 사람에게 비취는 빛이 있었나니
그가 세상에 계셨으며 세상은 그로 말미암아 지은바 되었으되
세상이 그를 알지 못하였고 자기 땅에 오매 자기 백성이 영접지 아니하였으나
영접하는 자 곧 그 이름을 믿는 자들에게는 하나님의 자녀가 되는 권세를 주셨으니
이는 혈통으로나 육정으로나 사람의 뜻으로 나지 아니하고
오직 하나님께로서 난 자들이니라
말씀이 육신이 되어 우리 가운데 거하시매 우리가 그 영광을 보니
아버지의 독생자의 영광이요 은혜와 진리가 충만하더라
(요한복음John 1:9~14)

역사의 중심 나사렛

어두운 밤거리를 비추는 교회 성탑 위의 불빛이 세상을 향해 복음의 큰 빛을 비추고 있다. 그토록 와보고 싶었던 곳, 예수님의 마을 나사렛은 환한 빛으로 나를 반긴다.

보라 네가 수태하여 아들을 낳으리니 그 이름을 예수라 하라(눅Luke 1:31)

이 놀라운 일은 예루살렘 북쪽으로는 150km, 갈릴리 남쪽으로는 19km 떨어진, 해발 375 산지에 자리 잡고 있는 나사렛에서 2,000년 전에 있었던 일이다. 전 세계에서 공통으로 예수 탄생연도를 기준으로 BC주전와 AD주후로 역사를 나누고 있다.

성화로 장식된 수태고지 교회를 둘러보고 교회 바로 옆 지하로 내려가면 요셉을 기념하는 교회가 있다. 아치로 된 출입문을 지나면 아담하고 깔끔한 기도처가 나온다. 조금 위층에 있는 예배실에서 일찍 온 순례객들이 모여 기도하고 있다.

수태고지 교회 근방에는 마리아의 우물이 있다. 오래된 나무 그늘 밑에 새롭게 단장한 우물터이다. 우물은 땅속에서 솟아나는 것으로 알고 있는데 마리아의 우물은 어디선가 물이 흘러들어오고 있다. 안내자가 "이 물을 마리아가 길어갔을 것인데 아무리 가물어도 물이 마르지 않는다"라고 말하며 미소 짓는다.

마리아의 우물

6 | Inside story
Is this where Jesus bathed?

우물을 살피고 길가 기념품 가게에 들렀는데 주인이 나를 특별한 순례자로 보았는지 특별한 곳을 소개해 준다며 따라오라고 손짓한다. 그를 따라 가게 아래층으로 내려가니 탁자 세 개, 의자 두어 개, 낡아빠진 사진 몇 장과 마리아의 우물 사진, 그리고 목욕 시설의 설계도가 벽에 붙어있는 자그마한 카페다.

희미한 전등불이 어째 으스스하다. 그런데 주인은 나를 더욱 으슥한 구들장 밑으로 이끈다. 허리를 굽혀 들어가 보니 온돌 구들인데 깊이 들어가면 들어 갈수록 그 규모가 엄청나다. 도저히 짐작이 안 가는 규모의 대형 목욕탕 구들이다. 지난번 성지순례 때 버가에 있는 상류층 목욕탕을 들여다본 적이 있는데 거기 온돌 구들장과 똑같은 시설이다. 주인은 동영상은 허락하지 않고 오직 사진만 허락한다. 카페로 나와 커피를 한 잔 대접 하고 나와서 기념사진 한 컷으로 특별한 안내를 마친다. 이 역시 하나님의 계획이었을까?

기념품 가게 지하의 목욕 시설 흔적들

30·지포리 Zippori/Sheporis

여호수아는 이스라엘 각 지파에게 땅을 분배하면서 이 땅을 스블론 지파에게 주며 '갓탈'이라고 했다. 수 19:15~16 나사렛에서 불과 6km 정도의 거리인 나지막한 언덕에 있는 지포리는 예수님의 어머니 마리아의 부모인 안나와 요아킴이 살았다고도 전해진다. 그 이전 헬라와 애굽의 수중에 들어갔었다.

B.C. 63년 폼페이의 기병대가 진을 치고 애굽으로 가는 길목을 열었으며 헤롯이 로마로부터

갈릴리의 분봉왕으로 임명받자 지포리를 갈릴리의 새로운 왕도로 승격시켜 예루살렘에 버금가는 도성으로 가꾸어 놓았다. 또한 산헤드린 공의회가 두어 차례 열리기도 했다.

도로는 석회암을 갈고 다듬어 깔았고 인도와 건물의 바닥은 정교한 모자이크로 장식했다. 그러나 그토록 아름답고 화려한 도시가 AD. 363년 갈릴리의 대지진과 홍수로 모든 것이 수몰되었다.

오랜 세월이 지나 이스라엘이 독립하면서 그동안 토사에 묻혀있던 지포리를 이스라엘이 관리하고 있다. 물 저장고와 계획된 주거지, 야외극장 그리고 목욕 시설인 미크바 등 로마인과 유대인의 사라진 역사의 흔적들이 새 주인을 만나 지난날의 화려함을 여실히 보여주고 있다.

지포리 유적-중앙대로 넘어 나사렛 산지가 정겹다

발굴 중인 지포리 유적

로마의 황제 베스파시아누스는 유대 땅 지포리에 7,000명의 군사를 배치하여 로마에 저항하는 유대인의 반란을 대비 하였다.

더욱이 나사렛과 지포리 사이에 있는 기름진 옥토 이즈르엘 평야와 로마로 연결되는 가이사랴 항구가 가까이에 있다. 이스라엘을 지나 애굽으로 가는 길목이기에 병사들과 기병대의 기지를 지포리에 건설하고 지중해의 패권을 잡았다,

그후 유대의 전쟁 역사가 요세프스는 지포리를 갈릴리의 장식이라 기록했고, 가톨릭에서는 성모 마리아의 출생지였다고 전해진다. 또한 유대인들의 전승에는 유대의 5대 도시 중 하나였으며 함의 후손 가나안 족속이 살았다는 촌락이 있다고 한다.

지포리의 유적들과 바닥의 모자이크

사가랴의 예언

찬송하리로다 주 이스라엘의 하나님이여 그 백성을 돌아보사 속량하시며 우리를 위하여 구원의 뿔을 그 종 다윗의 집에 일으키셨으니이것은 주께서 예로부터 거룩한 선지자의 입으로 말씀하신 바와 같이 우리 원수에게서와 우리를 미워하는 모든 자의 손에서 구원하시는 구원이라 우리 조상을 긍휼히 여기시며 그 거룩한 언약을 기억하셨으니 곧 우리 조상 아브라함에게 맹세하신 맹세라 우리로 원수의 손에서 건지심을 입고 종신토록 주의 앞에서 성결과 의로 두려움이 없이 섬기게 하리라 하셨도다 이 아이여 네가 지극히 높으신 이의 선지자라 일컬음을 받고 주 앞에 앞서 가서 그 길을 예비하여 주의 백성에게 그 죄 사함으로 말미암는 구원을 알게 하리니 이는 우리 하나님의 긍휼을 인함이라 이로써 돋는 해가 위로부터 우리에게 임하여 어두움과 죽음의 그늘에 앉은 자에게 비취고 우리 발을 평강의 길로 인도하시리로다 하니라(누가복음Luke 1:68~79)

31 · 엔카렘 Ein-Karem

이 때에 마리아가 일어나 빨리 산중에 가서 유대 한 동네에 이르러 사가랴의 집에 들어가 엘리사벳에게 문안하니 엘리사벳이 마리아의 문안함을 들으매 아이가 복중에서 뛰노는지라 엘리사벳이 성령의 충만함을 입어 큰 소리로 불러 가로되 여자 중에 네가 복이 있으며 네 태중의 아이도 복이 있도다내 주의 모친이 내게 나아오니 이 어찌 된 일인고 보라 네 문안하는 소리가 내 귀에 들릴 때에 아이가 내 복중에서 기쁨으로 뛰놀았도다 믿은 여자에게 복이 있도다 주께서 그에게 하신 말씀이 반드시 이루리라
(누가복음Luke 1:39~45)

포도원의 샘이라는 뜻이 있는 엔카렘은 예루살렘에서 8km 서쪽에 있다. 예수님의 어머니 마리아의 친척 엘리사벳이 세례요한을 낳은 곳이다.

마리아와 엘리사벳 동상

엘리사벳의 찬송

큰 소리로 불러 가로되 여자 중에 네가 복이 있으며 네 태중의 아이도 복이 있도다내 주의 모친이 내게 나아오니 이 어찌 된 일인고 보라 네 문안하는 소리가 내 귀에 들릴 때에 아이가 내 복중에서 기쁨으로 뛰놀았도다 믿은 여자에게 복이 있도다 주께서 그에게 하신 말씀이 반드시 이루리라(누가복음Luke 1:42~45)

마리아의 노래

마리아가 가로되 내 영혼이 주를 찬양하며 내 마음이 하나님 내 구주를 기뻐하였음은 그 계집종의 비천함을 돌아 보셨음이라 보라 이제 후로는 만세에 나를 복이 있다 일컬으리로다 능하신 이가 큰 일을 내게 행하셨으니 그 이름이 거룩하시며 긍휼하심이 두려워하는 자에게 대대로 이르는도다(누가복음Luke 1:46~50)

세계 여러나라의 언어로 기록된 사가랴의 예언

32 · 베들레헴 Bethlehem

베들레헴 에브라다야 너는 유다 족속 중에 작을찌라도 이스라엘을 다스릴 자가 네게서 내게로 나올 것이라 그의 근본은 상고에, 태초에니라(미가Mic 5:2~3)

예수탄생기념교회

겸손의 문(교회 정문)

다윗의 별

성 캐서린 성당 내부

베들레헴 시내에서 남쪽으로 8km 떨어진 곳에 세워진 예수탄생교회는 예수께서 탄생하신 동굴 위에 지어졌다. AD. 135년에 로마의 황제 하드리아누스가 기독교를 말살하려고 동방박사를 인도하는 별이 멈추었다는 이곳에 아도니스 성전을 지었으나 기독교가 공인된 이후 AD. 326년에 콘스탄틴 황제의 모친 헬레나 여사가 신전을 허물고 예수탄생교회와 수도원을 지었다.

614년 페르시아가 베들레헴을 침공하여 수도원을 불살랐으나 교회는 그대로 두었다. 그러나 16세기에 아랍의 재침공으로 인해 교회마저 불태워졌다.

1880년, 파괴된 교회를 다시 지으면서 교회 입구를 매우 좁게 만들어 겸손의 문이라고 한다. 교회 내부에는 예수 탄생 지점을 표시한 14개의 꼭짓점을 가진 은색의 별이 있어 다윗의 별이라고 불린다. 예수 탄생교회와 연결된 같은 듯 다른 건물에는 성 캐서린 성당이 있어 성탄절 전야에 가톨릭의 성탄 미사가 거행되고 교회 광장에서는 세계 각지에서 사람들이 모여 성탄을 축하하는 예배를 드리고 축하공연이 열린다.

목자들의 들판교회

홀연히 허다한 천군이 그 천사와 함께 있어 하나님을 찬송하여 가로되 지극히 높은 곳에서는 하나님께 영광이요 땅에서는 기뻐하심을 입은 사람들 중에 평화로다 하니라 천사들이 떠나 하늘로 올라가니 목자가 서로 말하되 이제 베들레헴까지 가서 주께서 우리에게 알리

신바 이 이루어진 일을 보자 하고 빨리 가서 마리아와 요셉과 구유에 누인 아기를 찾아서 보고 천사가 자기들에게 이 아기에 대하여 말한 것을 고하니 듣는 자가 다 목자의 말하는 일을 기이히 여기되 마리아는 이 모든 말을 마음에 지키어 생각하니라목자가 자기들에게 이르던 바와 같이 듣고 본 그 모든 것을 인하여 하나님께 영광을 돌리고 찬송하며 돌아가니라(누가복음Luke 2:13~20)

목자들의 들판교회 안에 그려진 성화

목자에게 들린 예수 탄생의 기쁜 소식

그 지경에 목자들이 밖에서 밤에 자기 양떼를 지키더니 주의 사자가 곁에 서고 주의 영광이 저희를 두루 비취매 크게 무서워하는지라 천사가 이르되 무서워 말라 보라 내가 온 백성에게 미칠 큰 기쁨의 좋은 소식을 너희에게 전하노라 오늘날 다윗의 동네에 너희를 위하여 구주가 나셨으니 곧 그리스도 주시니라 너희가 가서 강보에 싸여 구유에 누인 아기를 보리니 이것이 너희에게 표적이니라 하더니(누가복음Luke 2:8~12)

예수님이 탄생하셨을 때 천사가 그 소식을 전하기 위해 밤에 들판에서 양을 지키던 목자에게 나타났다고 전해지는 곳에 아담한 목자들의 들판교회가 있다. 1953년 프란체스코 수도회에 의해 지어진 교회인데 예배당 안에는 천사가 예수님의 탄생을 알리는 모습, 목자들이 아기 예수께 경배하는 모습 등 그 당시의 스토리를 담은 성화가 그려져 있다.

교회 뒤편에는 그때의 목자들이 머물렀다는 동굴교회도 있고 목자의 모습을 조각한 석상이 세워져 있는데 목자의 시선이 예수탄생교회로 향하고 있다.

목자들의 동굴교회

유대인의 왕으로 오신 이가 어디 계시냐

헤롯 왕 때에 예수께서 유대 베들레헴에서 나시매 동방으로부터 박사들이 예루살렘에 이르러 말하되 유대인의 왕으로 나신 이가 어디 계시냐 우리가 동방에서 그의 별을 보고 그에게 경배하러 왔노라 하니 (마태복음Matt 2:1~2)

세계 16개국이 참가한
베들레헴 예수탄생 기념 찬양 축제

2013년에 베들레헴에서 진행된 특별 찬양 축제에 한국인 최초로 참가하여 한복을 입고 찬양을 드리는 미주연합 에버레스팅 찬양단

기쁘다 구주 오셨네
만 백성 맞으라

베들레헴 예수탄생 기념 찬양 축제

33· 헤로디온 Herodyon 헤롯의 도시

헤로디온은 헤롯이 유다 광야와 산지의 경계 지역에 자신의 은신처로 만든 요새이자 궁전이다. 해발 830m의 언덕 위에 세워진 헤로디온은 33년을 임금 자리에 앉아 온갖 부귀영화를 누렸으나 불안함과 두려움에 떨며 대중의 환심을 사기 위해 이스라엘 성전을 재건축하기도 했던 헤롯 왕이 자신의 이름을 따서 지었다.

헤로디온 언덕에서는 예루살렘과 베들레헴이 내려다보인다. 궁전과 요새를 겸한 이 성채는 원형 성곽으로 둘러싸여 있었으며 이스라엘이 로마에 대항할 때 전략적 본거지로 이용되었다. AD 71년에 로마에 점령 당한 뒤 많은 부분이 파괴되었으나, 여전히 원형경기장, 공중목욕탕, 대규모 저수조, 비잔틴 시대의 교회, 별궁터 등의 유적이 남아있다. 새로운 유대 임금 탄생 소식을 듣고 죄 없는 어린아이들에게 대규모 학살을 자행한 헤롯왕은 이곳에서 무슨 생각하였을까?

라마의 통곡

헤롯왕 때에 예수께서 유대 베들레헴에서 나시매 동방으로부터 박사들이 예루살렘에 이르러 말하되 유대인의 왕으로 나신 이가 어디 계시뇨 우리가 동방에서 그의 별을 보고 그에게 경배하러 왔노라 하니 헤롯왕과 온 예루살렘이 듣고 소동한지라 왕이 모든 대제사장과 백성의 서기관들을 모아 그리스도가 어디서 나겠느뇨 물으니 가로되 유대 베들레헴이오니 이는 선지자로 이렇게 기록된바 또 유대 땅 베들레헴아 너는 유대 고을 중에 가장 작지 아니하도다 네게서 한 다스리는 자가

헤롯 왕궁 유적

나와서 내 백성 이스라엘의 목자가 되리라 하였음이니이다이에 헤롯이 가만히 박사들을 불러 별이 나타난 때를 자세히 묻고 베들레헴으로 보내며 이르되 가서 아기에 대하여 자세히 알아 보고 찾거든 내게 고하여 나도 가서 그에게 경배하게 하라(마태복음Matt 2:1~8)

이에 헤롯이 박사들에게 속은 줄을 알고 심히 노하여 사람을 보내어 베들레헴과 그 모든 지경 안에 있는 사내 아이를 박사들에게 자세히 알아본 그 때를 표준하여 두 살부터 그 아래로 다 죽이니(마태복음Matt 2:16)

34 • 라헬의 무덤

야곱이 고향 가나안 땅으로 돌아와 정착하던 중에 사랑하던 라헬이 베냐민을 낳다가 죽었다. 라헬의 무덤은 예루살렘에서 베들레헴으로 들어가는 검문소 근처에 있다. 검문소 가기 전에 오른쪽에 있는 분리장벽을 따라 조금만 들어가면 나온다.

그가 죽기에 임하여 그 혼이 떠나려할 때에 아들의 이름은 베노니라 불렀으나 그 아비가 그를 베냐민이라 불렀더라 라헬이 죽으매 에브랏 곧 베들레헴 길에 장사되었고 야곱이 라헬의 묘에 비를 세웠더니 지금까지 라헬의 묘비라 일컫더라(창Gen 35:18~20)

헤로디온에서 바라본 베들레헴 산지

35 • 광야에서 외치는 세례요한

선지자 이사야의 글에 보라 내가 내 사자를 네 앞에 보내노니 저가 네 길을 예비하리라 광야에 외치는 자의 소리가 있어 가로되 너희는 주의 길을 예비하라 그의 첩경을 평탄케 하라 기록된 것과 같이 세례 요한이 이르러 광야에서 죄 사함을 받게 하는 회개의 세례를 전파하니 온 유대 지방과 예루살렘 사람이 다 나아가 자기 죄를 자복하고 요단강에서 그에게 세례를 받더라 요한은 약대털을 입고 허리에 가죽띠를 띠고 메뚜기와 석청을 먹더라 그가 전파하여 가로되 나보다 능력 많으신 이가 내 뒤에 오시나니 나는 굽혀 그의 신들메를 풀기도 감당치 못하겠노라 나는 너희에게 물로 세례를 주었거니와 그는 성령으로 너희에게 세례를 주시리라(마가복음Mark 1:2~8)

복음의 길을 준비하기 위해 보내신 세례요한의 생애는 광야의 기록뿐이다. 세례요한은 철저하게 나실인으로 살면서 세상과 분리되어 회개를 외치다가 헤롯에 의해 목이 잘려 순교하였다. 분봉왕 헤롯은 동생의 아내 헤로디아를 취한 것에 대해 책망을 들었으나 회개치 아니하고 오히려 헤로디아의 간계에 빠져 요한의 목을 베었다.

이스라엘의 광야는 아름다운 꽃과 나무가 있는 들판이 아니라 황량한 높은 산과 계곡, 바위와 흙먼지로 가득한 벌판이다. 세례요한은 이곳에서 오직 하나님께서 주신 사명을 위해 살았다.

예수님께서 "여자가 낳은 자 중에 가장 큰 자"라고 하신 세례요한의 생애를 묵상하는 것은 큰 은혜요, 순례자의 삶에 대해 진지하게 돌아보는 귀한 시간이다.

외치는 자의 소리

그 때에 세례 요한이 이르러 유대 광야에서 전파하여 가로되
회개하라 천국이 가까왔느니라 하였으니
저는 선지자 이사야로 말씀하신 자라 일렀으되 광야에 외치는 자의 소리가 있어 가로되
너희는 주의 길을 예비하라 그의 첩경을 평탄케 하라 하였느니라
이 요한은 약대 털옷을 입고 허리에 가죽띠를 띠고 음식은 메뚜기와 석청이었더라
이때에 예루살렘과 온 유대와 요단강 사방에서 다 그에게 나아와
자기들의 죄를 자복하고 요단강에서 그에게 세례를 받더니
요한이 많은 바리새인과 사두개인이 세례 베푸는데 오는 것을 보고 이르되
독사의 자식들아 누가 너희를 가르쳐 임박한 진노를 피하라 하더냐
그러므로 회개에 합당한 열매를 맺고
속으로 아브라함이 우리 조상이라고 생각지 말라 내가 너희에게 이르노니
하나님이 능히 이 돌들로도 아브라함의 자손이 되게 하시리라(마태복음Matt 3:1~9)

36 • 요단강 세례터

세례 요한에게 세례를 받으신 예수님

예수께서 세례를 받으시고 곧 물에서 올라 오실쌔 하늘이 열리고 하나님의 성령이 비둘기 같이 내려 자기 위에 임하심을 보시더니 하늘로서 소리가 있어 말씀하시되 이는 내 사랑하는 아들이요 내 기뻐하는 자라 하시니라(마태복음Matt 3:16~17)

요단강 세례터

37 · 여리고 시험산 Mount of Temptation

시험 당하신 예수님

그 때에 예수께서 성령에게 이끌리어 마귀에게 시험을 받으러 광야로 가사 사십 일을 밤낮으로 금식하신 후에 주리신지라 시험하는 자가 예수께 나아와서 가로되 네가 만일 하나님의 아들이어든 명하여 이 돌들이 떡덩이가 되게 하라 예수께서 대답하여 가라사대 기록되었으되 사람이 떡으로만 살것이 아니요 하나님의 입으로 나오는 모든 말씀으로 살 것이라 하였느니라 하시니(마태복음 Matt 4:1~4)

여리고의 시험산

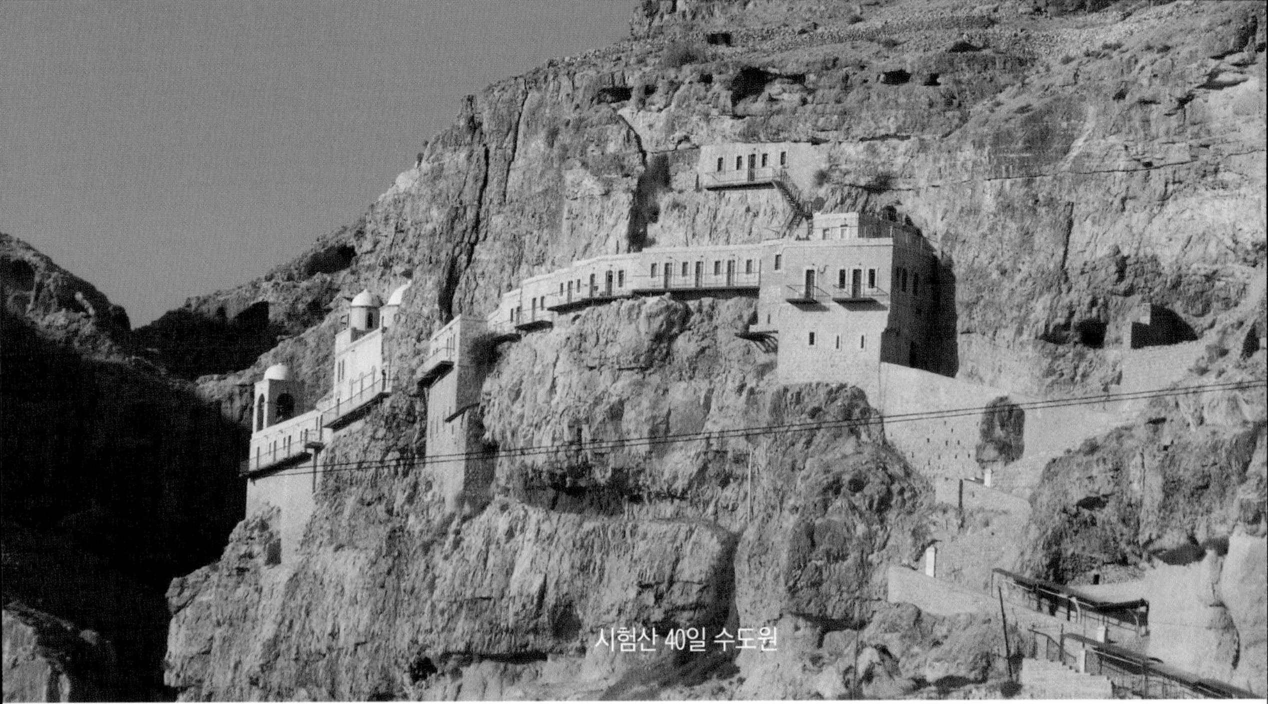
시험산 40일 수도원

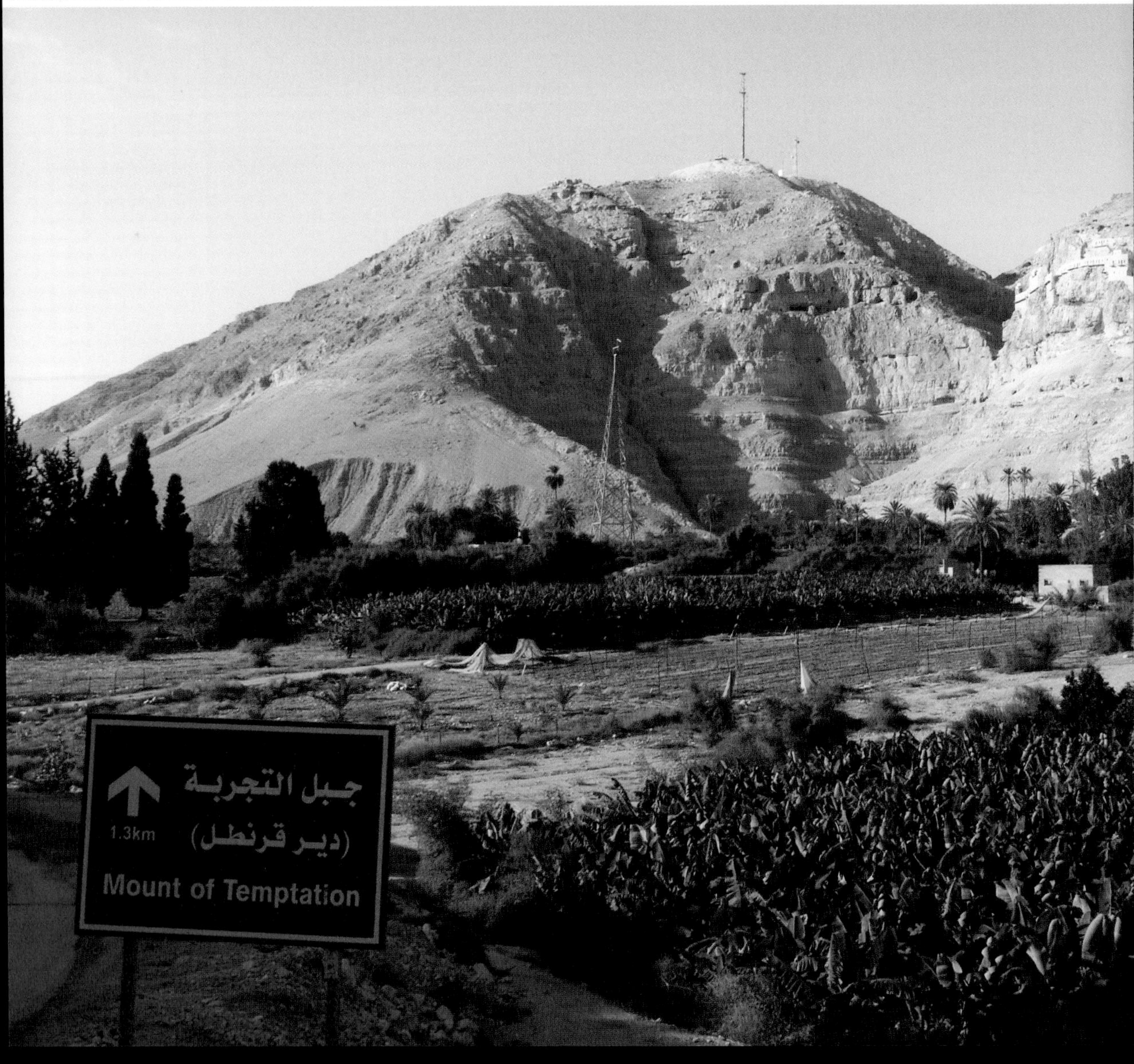
جبل التجربة
1.3km
(دير قرنطل)
Mount of Temptation

성령이 곧 예수를 광야로 몰아내신지라 광야에서 사십 일을 계셔서 사단에게 시험을 받으시며 들짐승과 함께 계시니 천사들이 수종들더라(마가복음Mark 1:12~13)

예수님께서는 요단강에서 세례요한에게 세례를 받으신 후 광야로 가셔서 40일을 밤낮으로 금식하신 후에 사단에게 세 가지 시험을 받으셨으나 말씀으로 물리치셨다.

1. 이 돌들이 떡 덩이가 되게 하라 -사람이 떡으로만 살 것이 아니요 하나님의 입으로 나오는 모든 말씀으로 살 것이라 하였느니라
2. 네가 만일 하나님의 아들이거든 뛰어내리라 - 주 너의 하나님을 시험치 말라 하였느니라
3. 만일 내게 엎드려 경배하면 이 모든 것을 네게 주리라 - 사단아 물러가라 기록되었으되 주 너의 하나님께 경배하고 다만 그를 섬기라 하였느니라

시험 산에 올라 시험받으셨던 예수님의 말씀을 묵상해 본다. 시험산에서 여리고를 바라보며 시험과 유혹 속에 하루하루를 살아가는 우리 인생에게 주시는 승리의 메시지를 긴 호흡과 함께 가슴 깊이 담아 본다.

여리고에서 예루살렘까지는 약 24km이다. 예수님 당시에는 인적이 드물었던 산길이어서 강도 만난 자의 이웃이 누구냐고 물었던 길이지만 지금은 확 트인 대로가 되었다.

"내 이웃이 누구입니까?"

"너도 이와 같이 하라."

어떤 율법사가 일어나 예수를 시험하여 가로되 선생님 내가 무엇을 하여야 영생을 얻으리이까 예수께서 이르시되 율법에 무엇이라 기록되었으며 네가 어떻게 읽느냐 대답하여 가로되 네 마음을 다하며 목숨을 다하며 힘을 다하며 뜻을 다하여 주 너의 하나님을 사랑하고 또한 네 이웃을 네 몸과 같이 사랑하라 하였나이다 예수께서 이르시되 네 대답이 옳도다 이를 행하라 그러면 살리라 하시니 이 사람이 자기를 옳게 보이려고 예수께 여짜오되 그러면 내 이웃이 누구오니이까

예수께서 대답하여 가라사대 어떤 사람이 예루살렘에서 여리고로 내려가다가 강도를 만나매 강도들이 그 옷을 벗기고 때려 거반 죽은 것을 버리고 갔더라 마침 한 제사장이 그 길로 내려가다가 그를 보고 피하여 지나가고 또 이와 같이 한 레위인도 그곳에 이르러 그를 보고 피하여 지나가되 어떤 사마리아인은 여행하는 중 거기 이르러 그를 보고 불쌍히 여겨 가까이 가서 기름과 포도주를 그 상처에 붓고 싸매고 자기 짐승에 태워 주막으로 데리고 가서 돌보아 주고 이튿날에 데나리온 둘을 내어 주막 주인에게 주며 가로되 이 사람을 돌보아 주라 부비가 더 들면 내가 돌아 올 때에 갚으리라 하였으니 네 의견에는 이 세 사람 중에 누가 강도 만난 자의 이웃이 되겠느냐 가로되 자비를 베푼 자니이다 예수께서 이르시되 가서 너도 이와 같이 하라 하시니라(누가복음Luke 10:25~37)

마귀의 유혹

이에 마귀가 예수를 거룩한 성으로 데려다가 성전 꼭대기에 세우고 가로되 네가 만일 하나님의 아들이어든 뛰어내리라 기록하였으되 저가 너를 위하여 그 사자들을 명하시리니 저희가 손으로 너를 받들어 발이 돌에 부딪히지 않게 하리로다 하였느니라 예수께서 이르시되 또 기록되었으되 주 너

시험산에서 바라본 여리고 전경

의 하나님을 시험치 말라 하였느니라 하신대 마귀가 또 그를 데리고 지극히 높은 산으로 가서 천하 만국과 그 영광을 보여 가로되 만일 내게 엎드려 경배하면 이 모든 것을 네게 주리라 이에 예수께서 말씀하시되 사단아 물러가라 기록되었으되 주 너의 하나님께 경배하고 다만 그를 섬기라 하였느니라 (마태복음Matt 4:5~10)

38 · 나사렛 절벽산 Mt. Precipice

나사렛을 찾아 오신 예수

예수께서 성령의 권능으로 갈릴리에 돌아가시니 그 소문이 사방에 퍼졌고 친히 그 여러 회당에서 가르치시매 뭇사람에게 칭송을 받으시더라 예수께서 그 자라나신 곳 나사렛에 이르사 안식일에 자기 규례대로 회당에 들어가사 성경을 읽으려고 서시매(누가복음Luke 4:14~16)

나사렛 절벽산

나사렛 산(절벽산) 오르는 길

나사렛에서 배척을 받으심

예수께서 그 자라나신 곳 나사렛에 이르사 안식일에 자기 규례대로 회당에 들어가사 성경을 읽으려고 서시매 선지자 이사야의 글을 드리거늘 책을 펴서 이렇게 기록한 데를 찾으시니 곧 주의 성령이 내게 임하셨으니 이는 가난한 자에게 복음을 전하게 하시려고 내게 기름을 부으시고 나를 보내사 포로 된 자에게 자유를, 눈먼 자에게 다시 보게 함을 전파하며 눌린 자를 자유케 하고 주의 은혜의 해를 전파하게 하려 하심이라 하였더라 책을 덮어 그 맡은 자에게 주시고 앉으시니 회당에 있는 자들이 다 주목하여 보더라

이에 예수께서 저희에게 말씀하시되 이 글이 오늘날 너희 귀에 응하였느니라 하시니 저희가 다 그를 증거하고 그 입으로 나오는바 은혜로운 말을 기이히 여겨 가로되 이 사람이 요셉의 아들이 아니냐 예수께서 저희에게 이르시되 너희가 반드시 의원아 너를 고치라 하는 속담을 인증하여 내게 말하기를 우리의 들은바 가버나움에서 행한 일을 네 고향 여기서도 행하라 하리라 또 가라사대 내가 진실로 너희에게 이르노니 선지자가 고향에서 환영을 받는 자가 없느니라 내가 참으로 너희에게 이르노니 엘리야 시대에 하늘이 세 해 여섯 달을 닫히어 온 땅에 큰 흉년이 들었을 때에 이스라엘에 많은 과부가 있었으되 엘리야가 그 중 한 사람에게도 보내심을 받지 않고 오직 시돈 땅에 있는 사렙다의 한 과부에게 뿐이었으며 또 선지자 엘리사 때에 이스라엘에 많은 문둥이가 있었으되 그 중에 한 사람도 깨끗함을 얻지 못하고 오직 수리아 사람 나아만 뿐이니라 회당에 있는 자들이 이것을 듣고 다 분이 가득하여 일어나 동네 밖으로 쫓아내어 그 동네가 건설된 산 낭떠러지까지 끌고 가서 밀쳐 내리치고자 하되 예수께서 저희 가운데로 지나서 가시니라(누가복음Luke 4:16~30)

예수님께서 나사렛 회당에 들어가사 말씀을 읽고 복음의 기쁜 소식을 전했으나 고향 사람들은 예수님을 믿지 않았다. 그들이 예수님의 말씀이 참람하다고 여겨 산 낭떠러지로 끌고 가서 밀쳐버리려고 했던 일을 나사렛에서의 1차 배척이라 하고 마가복음의 기록을 2차 배척이라 한다.

> 예수께서 거기를 떠나사 고향으로 가시니 제자들도 좇으니라 안식일이 되어 회당에서 가르치시니 많은 사람이 듣고 놀라 가로되 이 사람이 어디서 이런 것을 얻었느뇨 이 사람의 받은 지혜와 그 손으로 이루어지는 이런 권능이 어찌됨이뇨 이 사람이 마리아의 아들 목수가 아니냐 야고보와 요셉과 유다와 시몬의 형제가 아니냐 그 누이들이 우리와 함께 여기 있지 아니하냐 하고 예수를 배척한지라 예수께서 저희에게 이르시되 선지자가 자기 고향과 자기 친척과 자기 집 외에서는 존경을 받지 않음이 없느니라 하시며 거기서는 아무 권능도 행하실 수 없어 다만 소수의 병인에게 안수하여 고치실 뿐이었고 저희의 믿지 않음을 이상히 여기셨더라(마가복음Mark 6:1~6)

나사렛 산 낭떠러지는 순례의 길에서 꼭 찾고 싶은 곳이었다. 다른 것은 변해도 자연은 변하지 않았을 것이기에 예수님을 밀쳐 떨어뜨리려고 했던 낭떠러지만큼은 그대로 있을 것이라는 확신이 있어서 언젠가는 꼭 올라가 보리라 다짐했었다.

"저기가 바로 그 낭떠러지요."

순간 차에서 내려 카메라를 들이대니 가슴이 뭉클해진다. 이곳을 내 눈으로 확인하려고 몇 해를 기다렸던가!

절벽산 낭떠러지

산길은 비교적 완만하여 오르기 어렵지 않다. 벼랑에 깔려있는 바위들은 세월의 풍설에 시달리며 씻긴 하얀 대리석이다. 바위마다 고드름이 거꾸로 솟아오른 듯 뾰족뾰족하다. 만약 바위 틈새에 걸려 넘어지기라도 한다면 상처 정도가 아니라 옆구리가 찔리고 갈비뼈가 부러질거로 생각하니 소름이 끼친다.

정상에 오르니 사방이 훤하게 트여 시야를 가리는 것이 없다. 시계 방향으로 몸을 한 바퀴 돌려본다. 예수님께서 30년을 이곳 나사렛에서 사셨다면 이 산 위에 몇 번이나 올라오셨을까? 그리고 이 파노라마를 바라보며 하나님의 창조를 어떻게 노래했을까? 심장이 울렁거린다.

벼랑에 서서 예수님을 밀쳐버리려고 했던 그 자리를 찾아 두리번거리니, 널찍한 자리가 있어 포즈를 잡아보았다. 예수님께서 이곳에서 떨어지셨다면... 생각만 해도 섬뜩하고 아찔하다.

마음을 차분히 하고 나사렛 산지를 바라보니 나의 옛 고향 초등학교 뒷산에 오른 듯 포근하고 정겹다. 지나가던 맑고 상쾌한 가을바람이 설레는 내 마음을 더욱 부추긴다 이 시간 나는 지나간 역사의 숨결과 함께 호흡하고 있다.

정상에 서서 다른 한편으로 내려다보니 이제 막 수확을 끝낸 기름진 이즈르엘 평야가 펼쳐져 있고 저 멀리 모래산과 더 멀리는 그리심산이 있지만 안개에 묻혀 희미하다.

오늘날 나사렛 사람들은 이 산 정상에 전망대를 지어놓고 여기서 보면 다볼산과 이즈르엘 계곡이 있고 'OAFZER' 동굴에서는 신석기 시대B.C 7000~10,000와 그 이전 시대의 유물이 발견되었다고 기록해 놓았다. 이어서 예수님께서 그를 해치려는 무리를 제치고 뛰었다는 기록까지도 새겨 놓았다.

절벽산 정상에 있는 안내판

이사야의 예언

주의 성령이 내게 임하셨으니 이는 가난한 자에게 복음을 전하게 하시려고 내게 기름을 부으시고
나를 보내사 포로 된 자에게 자유를, 눈먼 자에게 다시 보게 함을 전파하며 눌린 자를 자유케 하고

절벽산에서 바라보는 다볼산(변화산)

주의 은혜의 해를 전파하게 하려 하심이라 하였더라 책을 덮어 그 맡은 자에게 주시고 앉으시니 회당에 있는 자들이 다 주목하여 보더라 이에 예수께서 저희에게 말씀하시되 이 글이 오늘날 너희 귀에 응하였느니라 하시니(누가복음Luke 4:18~19)

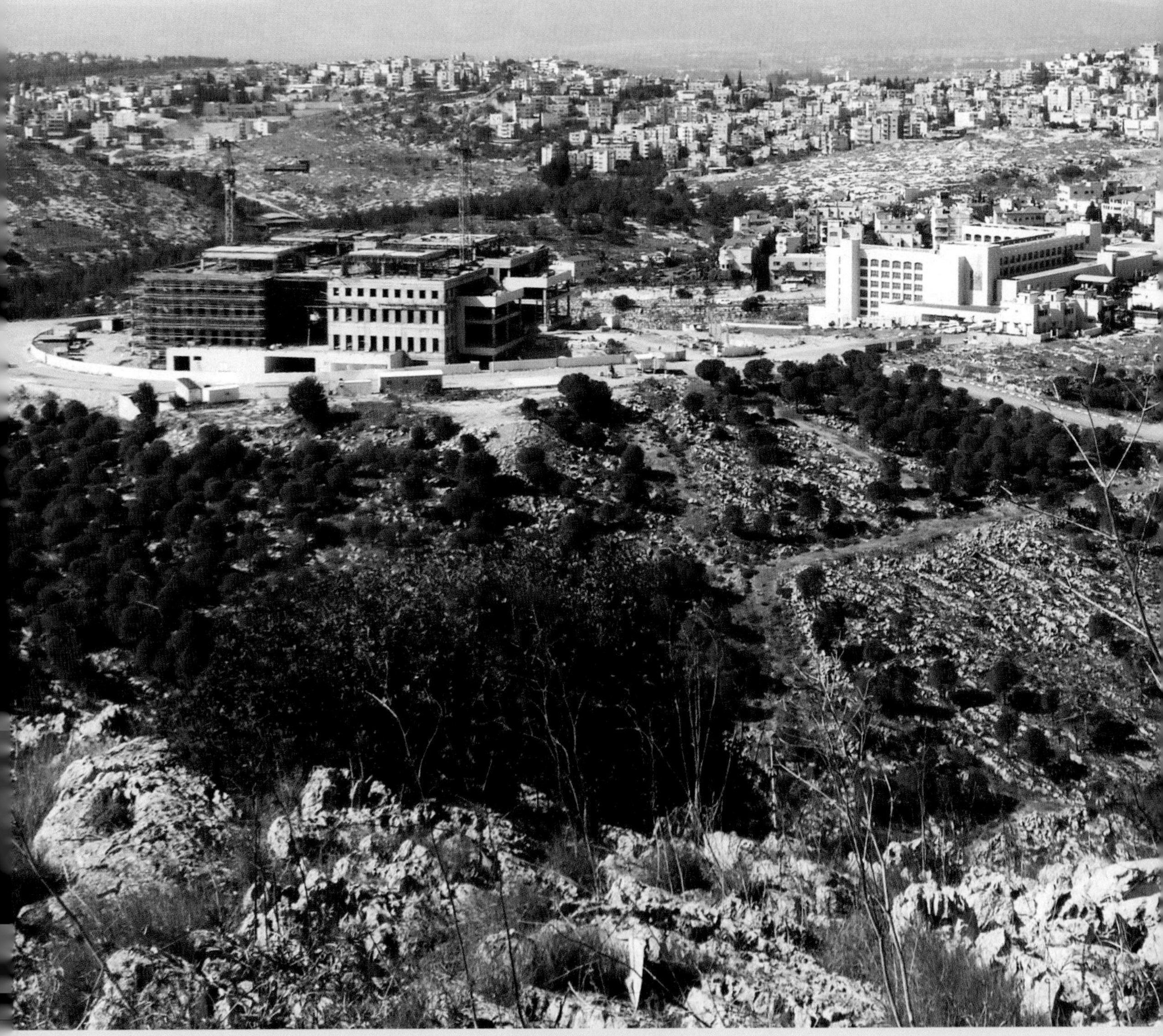

나다나엘의 고백

빌립이 나다나엘을 찾아 이르되 모세가 율법에 기록하였고 여러 선지자가 기록한 그이를 우리가 만났으니 요셉의 아들 나사렛 예수니라 나다나엘이 가로되 나사렛에서 무슨 선한 것이 날 수 있느냐 빌립이 가로되 와 보라 하니라 예수께서 나다나엘이 자기에게 오는 것을 보시고 그를 가리켜

절벽산에서 바라보는 나사렛 전경

가라사대 보라 이는 참 이스라엘 사람이라 그 속에 간사한 것이 없도다 나다나엘이 가로되 어떻게 나를 아시나이까 예수께서 대답하여 가라사대 빌립이 너를 부르기 전에 네가 무화과나무 아래 있을 때에 보았노라 나다나엘이 대답하되 랍비여 당신은 하나님의 아들이시요 당신은 이스라엘의 임금이로소이다(요한복음John 1:45~49)

39 • 갈릴리 Sea of Galilee

내가 너희로 사람낚는 어부가 되게 하리라

갈릴리 해변에 다니시다가 두 형제 곧 베드로라 하는 시몬과 그 형제 안드레가 바다에 그물 던지는 것을 보시니 저희는 어부라 말씀하시되 나를 따라 오너라 내가 너희로 사람을 낚는 어부가 되게 하리라 하시니 저희가 곧 그물을 버려 두고 예수를 좇으니라 거기서 더 가시다가 다른 두 형제 곧 세베대의 아들 야고보와 그 형제 요한이 그 부친 세베대와 한가지로 배에서 그물 깁는 것을 보시고 부르시니 저희가 곧 배와 부친을 버려두고 예수를 좇으니라(마태복음Matt 4:18~22)

갈릴리 호수

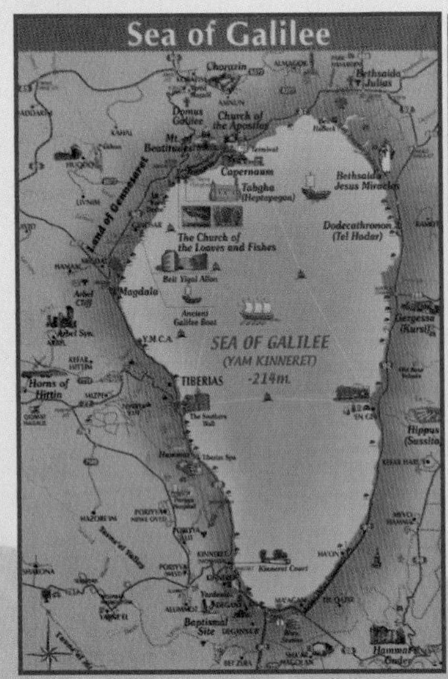

밤 사경에 예수께서 바다 위로 걸어서 제자들에게 오시니 제자들이 그가 바다 위로 걸어오심을 보고 놀라 유령이라 하며 무서워하여 소리 지르거늘 예수께서 즉시 이르시되 안심하라 나니 두려워하지 말라 베드로가 대답하여 이르되 주여 만일 주님이시거든 나를 명하사 물 위로 오라 하소서 하니오라 하시니 베드로가 배에서 내려 물 위로 걸어서 예수께로 가되 바람을 보고 무서워 빠져 가는지라 소리 질러 이르되 주여 나를 구원하소서 하니 예수께서 즉시 손을 내밀어 그를 붙잡으시며 이르시되 믿음이 작은 자여 왜 의심하였느냐 하시고 배에 함께 오르매 바람이 그치는지라 배에 있는 사람들이 예수께 절하며 가로되 진실로 하나님의 아들이로소이다 하더라(마태복음Matt 14:25~32)

갈릴리 해변으로 지나가시다가 시몬과 그 형제 안드레가 바다에 그물 던지는 것을 보시니 저희는 어부라 예수께서 가라사대 나를 따라 오너라 내가 너희로 사람을 낚는 어부가 되게 하리라 하시니 곧 그물을 버려 두고 좇으니라 조금 더 가시다가 세베대의 아들 야고보와 그 형제 요한을 보시니 저희도 배에 있어 그물을 깁는데 곧 부르시니 그 아비 세베대를 삯군들과 함께 배에 버려두고 예수를 따라가니라(마가복음Mark 1:16~20)

갈릴리는 해발 -212m이며 깊이는 50m이고 둘레는 52km 정도 된다. 헐몬산에서 흘러내린 물은 가나안 땅에 젖과 꿀이 흐르게 하고 갈릴리로 들어온다. 예수님은 갈릴리 해변을 다니시며 천국 복음을 전파하시고 물고기를 잡던 베드로와 안드레, 야고보 요한을 제자로 부르셨다.

예수께서 회당에서 가르치시고 병든 사람을 고치고 귀신들을 쫓아내는 놀라운 능력을 행하시니 예수님의 소문이 온 갈릴리 사방에 퍼지고 온 유대에 두루 전파되었다. 그뿐만 아니라 갈릴리와 데가볼리와 예루살렘과 유대와 요단강 건너편에서 허다한 무리가 예수님을 좇았다.마4:25

산지와 광야로 이루어진 이스라엘, 그 땅의 심장인 갈릴리 바다를 게네사렛 또는 디베랴 바다라고 기록하기도 한다. 갈릴리는 예수님께서 복음을 전파하시고 수많은 기적과 표적을 나타내셨던 복음의 중심지였다.

40 • 갈릴리의 기적

풍랑을 잔잔케 하심 그날 저물 때에 제자들에게 이르시되 우리가 저편으로 건너가자 하시니 저희가 무리를 떠나 예수를 배에 계신 그대로 모시고 가매 다른 배들도 함께 하더니 큰 광풍이 일어나며 물결이 부딪혀 배에 들어와 배에 가득하게 되었더라 예수께서는 고물에서 베개를 베시고 주무시더니 제자들이 깨우며 가로되 선생님이여 우리의 죽게 된것을 돌아보지 아니하시나이까 하니 예수께서 깨어 바람을 꾸짖으시며 바다더러 이르시되 잠잠하라 고요하라 하시니 바람이 그치고 아주 잔잔하여지더라 이에 제자들에게 이르시되 어찌하여 이렇게 무서워하느냐 너희가 어찌 믿음이 없느냐 하시니 저희가 심히 두려워하여 서로 말하되 저가 뉘기에 바람과 바다라도 순종하는고 하였더라(마가복음Mark 4:35~41)

깊은 데로 가서 그물을 던지라 말씀을 마치시고 시몬에게 이르시되 깊은데로 가서 그물을 내려 고기를 잡으라 시몬이 대답하여 가로되 선생이여 우리들이 밤이 맞도록 수고를 하였으되 얻은 것이 없지마는 말씀에 의지하여 내가 그물을 내리리이다 하고 그리한즉 고기를 에운 것이 심히 많아 그물이 찢어지는지라(누가복음Luke 5:4~6)

물고기 입에서 한 세겔을 얻다 가버나움에 이르니 반 세겔 받는 자들이 베드로에게 나아와 가로되 너의 선생이 반 세겔을 내지 아니하느냐 가로되 내신다 하고 집에 들어가니 예수께서 먼저 가라사대 시몬아 네 생각은 어떠하뇨 세상 임금들이 뉘게 관세와 정세를 받느냐 자기 아들에게냐 타인에게냐 베드로가 가로되 타인에게니이다 예수께서 가라사대 그러하면 아들들은 세를 면하리라 그러나 우리가 저희로 오해케 하지 않기 위하여 네가 바다에 가서 낚시를 던져 먼저 오르는 고기를 가져 입을 열면 돈 한 세겔을 얻을 것이니 가져다가 나와 너를 위하여 주라 하시니라(마태복음Matt 17:24~27)

벳세다 언덕에서 예루살렘으로 가는 길

하나님의 진리등대

하나님의 진리등대 길이길이 빛나니
우리들도 등대되어 주의사랑 비추세

죄의 밤은 깊어가고 성난물결 설렌다
어디 불빛없는 가고 찾는 무리 많구나

너의 등불 돋우어라 거친 바다 비춰라
빛을 찾아 헤매는이 생면선에 건져라

우리 작은 불을 켜서 험한 바다 비추세
물에빠져 헤매는이 건져내어 살리세

옛 등대

가버나움 건너편 선착장 등대

나 어느 날 꿈속을 헤메며 어느 바닷가 거닐 때,
그 갈릴리 오신 이 따르는 많은 무리를 보았네.
나 그때에 확실히 소경이 눈을 뜨는 것 보았네.
그 갈릴리 오신이 능력이 나를 놀라게 하였네.
내가 영원히 사모할 주님 부드러운 그 모습을
나 뵈옵고 그후로 부터 내 구주로 섬겼네.
-Mrs. C.H.Morris. 1907

באזל
BAR &

예수님께서
제자들과 함께 걸으셨던?
가버나움 옛길

예수께서 가라사대 내가 곧 길이요 진리요 생명이니
나로 말미암지 않고는 아버지께로 올 자가 없느니라
(요한복음John 14:6)

CAPHARNAUM
THE TOWN OF
JESUS

유대인 회당 입구(가버나움)

베드로 장모의 집 터

41 · 가버나움 Capharnaum

갈릴리 북쪽 해변에 있는 가버나움은 예수님 제2의 고향이라고 해서 많은 순례객이 방문한다. 당시에 예루살렘에서 다메섹이나 바벨론으로 가는 길목 요지였기에 사람들이 북적거렸다. 그로 인해 세관과 회당이 있어 사람들이 모여들었다. 그때 마태가 세관에 앉은 것을 보시고 나를 좇으라고 하시어 제자로 삼으셨다. 마 9:9 마을 입구에는 "예수의 마을"이라는 안내판이 있다. 입구에 들어서면, 베드로의 집터와 유대인의 회당 터가 있으며 베드로의 장모 집터도 발굴해 놓았다.

예수님께서는 공생애 대부분을 이곳에서 보내시면서 제자들을 훈련하셨고, 회당에서 하늘나라 교훈을 가르치셨으며, 온갖 질병에 걸린 사람들과 귀신 들린 자들을 고쳐주셨다. 백부장의 하인이 고침을 받았고 마 8:5~13, 열병으로 누워있는 베드로의 장모도 나음을 입었으며 마 8:14~15, 회당장 야이로의 딸과 열두 해를 혈루증으로 앓던 여인도 나았다. 막 5:21~43

열 두 해를 혈루증으로 앓는 한 여자가 있어 많은 의원에게 많은 괴로움을 받았고 있던 것도 다 허비하였으되 아무 효험이 없고 도리어 더 중하여졌던 차에 예수의 소문을 듣고 무리 가운데 섞여 뒤로 와서 그의 옷에 손을 대니 이는 내가 그의 옷에만 손을 대어도 구원을 얻으리라 함일러라 이에 그의 혈루 근원이 곧 마르매 병이 나은 줄을 몸에 깨달으니라(마가복음Mark 5:25~29)

저희가 가버나움에 들어가니라 예수께서 곧 안식일에 회당에 들어가 가르치시매 뭇사람이 그의 교훈에 놀라니 이는 그 가르치시는 것이 권세 있는 자와 같고 서기관들과 같지 아니함일러라 (마가복음Mark 1:21~22)

이처럼 가버나움은 교훈과 많은 기사와 표적이 있었던 마을이었지만 회개치 아니함으로 예수님의 책망을 받은 마을이기도 하다. 가까운 거리에 팔복교회, 베드로 수위권 교회, 오병

유대인 회당

이어 기념교회가 있어 항상 순례객들의 발길이 끊이지 않는다.

가버나움아 네가 하늘에까지 높아지겠느냐 음부에까지 낮아지리라 네게서 행한 모든 권능을 소돔에서 행하였더면 그 성이 오늘날까지 있었으리라 내가 너희에게 이르노니 심판 날에 소돔 땅이 너보다 견디기 쉬우리라 하시니라(마태복음Matt 11:23~24)

가버나움 회당에서 바라보이는 제자교회

42 · 팔복교회

예수님께서 복과 화를 선포하신 산상수훈마 5:1~12을 기념하기 위해서 AD 4세기경에 비잔틴 제국이 세운 교회다. 614년에 페르시아에 의해 파괴된 교회를 1939년 이탈리아 무솔리니의 지원을 받아 프란치스코 수녀회에서 지금의 팔각형 모양의 돔을 가진 아름다운 교회를 지었다. 교회에 들어서면 영어로 팔복이 쓰여있고 천장에는 황금빛 돔과 여덟 개의 유리창에 라틴어로 팔복이 쓰여있다.

팔복교회

산상수훈

The Sermon on the Mount

예수께서 무리를 보시고 산에 올라가 앉으시니
제자들이 나아온지라 입을 열어 가르쳐 가라사대

심령이 가난한 자는 복이 있나니 천국이 저희 것임이요
애통하는 자는 복이 있나니 저희가 위로를 받을 것임이요
온유한 자는 복이 있나니 저희가 땅을 기업으로 받을 것임이요
의에 주리고 목마른 자는 복이 있나니 저희가 배부를 것임이요
긍휼히 여기는 자는 복이 있나니 저희가 긍휼히 여김을 받을 것임이요
마음이 청결한 자는 복이 있나니 저희가 하나님을 볼 것임이요
화평케 하는 자는 복이 있나니
저희가 하나님의 아들이라 일컬음을 받을 것임이요
의를 위하여 핍박을 받은 자는 복이 있나니 천국이 저희 것임이라

나를 인하여 너희를 욕하고 핍박하고 거짓으로 너희를 거스려
모든 악한 말을 할 때에는 너희에게 복이 있나니
기뻐하고 즐거워하라 하늘에서 너희의 상이 큼이라
너희 전에 있던 선지자들을 이같이 핍박하였느니라

마태복음Matt 5:1~12

43 • 예수께서 첫 표적을 행하신 갈릴리 가나 Cana

사흘 되던 날에 갈릴리 가나에 혼인이 있어 예수의 어머니도 거기 계시고 예수와 그 제자들도 혼인에 청함을 받았더니 포도주가 모자란지라 예수의 어머니가 예수에게 이르되 저희에게 포도주가 없다 하니(요한복음John 2:1~3)

가나 혼인잔치 교회

44 · 벳세다 Bethsaida

너희가 먹을 것을 주라

예수께서 들으시고 배를 타고 떠나사 따로 빈 들에 가시니 무리가 듣고 여러 고을로 부터 걸어서 좇아간지라 예수께서 나오사 큰 무리를 보시고 불쌍히 여기사 그 중에 있는 병인을 고쳐 주시니라 저녁이 되매 제자들이 나아와 가로되 이곳은 빈 들이요 때도 이미 저물었으니 무리를 보내어 마을에 들어가 먹을 것을 사먹게 하소서 예수께서 가라사대 갈것 없다 너희가 먹을 것을 주어라 제자들이 가로되 여기 우리에게 있는 것은 떡 다섯 개와 물고기 두 마리 뿐이니이다 가라사대 그것을 내게 가져오라 하시고무리를 명하여 잔디 위에 앉히시고 떡 다섯 개와 물고기 두 마리를 가지사 하늘을 우러러 축사하시고 떡을 떼어 제자들에게 주시매 제자들이 무리에게 주니다 배불리 먹고 남은 조각을 열 두 바구니에 차게 거두었으며 먹은 사람은 여자와 아이 외에 오천 명이나 되었더라
(마태복음Matt 14:13~21)

갈릴리와 막달라 마을이 바라다 보이는 벳새다 언덕

ENTRY

45 · 오병이어 기념교회

예수께서 나오사 큰 무리를 보시고 그 목자 없는 양 같음을 인하여 불쌍히 여기사 이에 여러가지로 가르치시더라 때가 저물어가매 제자들이 예수께 나아와 여짜오되 이곳은 빈 들이요 때도 저물어가니 무리를 보내어 두루 촌과 마을로 가서 무엇을 사 먹게 하옵소서 대답하여 가라사대 너희가 먹을 것을 주라 하시니 여짜오되 우리가 가서 이백 데나리온의 떡을 사다 먹이리이까

이르시되 너희에게 떡 몇 개나 있느냐 가서 보라 하시니 알아보고 가로되 떡 다섯 개와 물고기 두 마리가 있더이다 하거늘 제자들을 명하사 그 모든 사람으로 떼를 지어 푸른 잔디 위에 앉게 하시니 떼로 혹 백씩, 혹 오십씩 앉은지라 예수께서 떡 다섯 개와 물고기 두 마리를 가지사 하늘을 우러러 축사하시고 떡을 떼어 제자들에게 주어 사람들 앞에 놓게 하시고 또 물고기 두 마리도 모든 사람에게 나누어 주시매 다 배불리 먹고 남은 떡 조각과 물고기를 열 두 바구니에 차게 거두었으며 떡을 먹은 남자가 오천 명이었더라(마가복음Mark 6:34~44)

46 · 베드로 수위권교회

가라사대 너희는 나를 누구라 하느냐 시몬 베드로가 대답하여 가로되 주는 그리스도시요 살아계신 하나님의 아들이시니이다 예수께서 대답하여 가라사대 바요나 시몬아 네가 복이 있도다 이를 네게 알게 한 이는 혈육이 아니요 하늘에 계신 내 아버지시니라 또 내가 네게 이르노니 너는 베드로라 내가 이 반석 위에 내 교회를 세우리니 음부의 권세가 이기지 못하리라 내가 천국 열쇠를 네게 주리니 네가 땅에서 무엇이든지 매면 하늘에서도 매일 것이요 네가 땅에서 무엇이든지 풀면 하늘에서도 풀리리라 하시고(마태복음Matt 16:15~19)

반석이라는 별명을 얻게 된 베드로는 매우 충동적이고 저돌적이었던 사람이었으나 예수님을 사랑하는 열정은 그 어떤 자와도 비교할 수 없었다. 예수님께 천국 열쇠를 받고 그 이름 반석 위에 교회를 세우리라는 칭찬을 받았지만, 주님께서 잡히시던 날 밤에 세 번이나 예수님을 부인했다. 예수님께서 돌아가신 후, 낙심하여 다시 갈릴리 어부로 돌아왔지만 부활하신 예수님께서 갈릴리로 찾아오셔서 "내 양을 치고, 내 양을 먹이라"는 대사명을 주셨다.

베드로는 그 명령에 절대 순종하여 초기 예루살렘 교회의 지도자로 그리고 전도자로 사명을 다하고 로마에서 순교하였다.

"내 양을 먹이라"

요한의 아들 시몬아
네가 나를 사랑하느냐 하시니
주께서 세번째
네가 나를 사랑하느냐 하시므로
베드로가 근심하여 가로되
주여 모든 것을 아시오매
내가 주를 사랑하는 줄을
주께서 아시나이다
예수께서 가라사대 내 양을 먹이라
(요한복음John 21:17)

회개치 아니하는 자에 대한 책망

예수께서 권능을 가장 많이 베푸신
고을들이 회개치 아니하므로 그 때에 책망하시되
화가 있을찐저 고라신아 화가 있을찐저 벳새다야
너희에게서 행한 모든 권능을
두로와 시돈에서 행하였더면
저희가 벌써 베옷을 입고 재에 앉아 회개하였으리라
내가 너희에게 이르노니 심판날에 두로와 시돈이
너희보다 견디기 쉬우리라
(마태복음matt 11:20~22)

어느 동네에 들어가든지 너희를 영접지 아니하거든 그 거리로 나와서 말하되 너희 동네에서 우리 발에 묻은 먼지도 너희에게 떨어버리노라 그러나 하나님의 나라가 가까이 온줄을 알라 하라 내가 너희에게 말하노니 저날에 소돔이 그 동네보다 견디기 쉬우리라 화 있을찐저 고라신아, 화 있을찐저 벳새다야, 너희에게서 행한 모든 권능을 두로와 시돈에서 행하였더면 저희가 벌써 베옷을 입고 재에 앉아 회개하였으리라 심판 때에 두로와 시돈이 너희보다 견디기 쉬우리라(누가복음Luke 10:10~14)

고라신은 벳세다 지역에 속해 있으며 가버나움에서 북쪽으로 4km 떨어져 있다. 고라신은 생명수같이 맑고 깨끗한 요단강물이 갈릴리로 흘러 들어갈 뿐만 아니라 요단 동편 골란고원이 사막의 뜨거운 바람을 막아주고 지중해의 습기 품은 바람이 가나안 땅을 풍요롭게 한다. 그래서 이곳에도 유대인의 회당을 지었다. 하지만 이곳도 예수님의 표적과 기사를 보고도 천국 복음을 받아들이지 않았다. 허물어져 버린 유적들 속에서 예수님의 책망이 울려 퍼지는 듯 하다.

폐허가 된 고라신

48 • 거라사 Kursi/Gerasenes

군대라는 귀신들린 자를 고치신 예수님

예수께서 네 이름이 무엇이냐 물으신즉 가로되 군대라 하니 이는 많은 귀신이 들렸음이라 무저갱으로 들어가라 하지 마시기를 간구하더니 마침 거기 많은 돼지 떼가 산에서 먹고 있는지라 귀신들이 그 돼지에게로 들어가게 허하심을 간구하니 이에 허하신대 귀신들이 그 사람에게서 나와 돼지에게로 들어가니 그 떼가 비탈로 내리달아 호수에 들어가 몰사하거늘(누가복음Luke 8:30~33)

거라사 유대인의 회당

또 예수께서 건너편 가다라 지방에 가시매 귀신 들린 자 둘이 무덤 사이에서 나와 예수를 만나니 저희는 심히 사나와 아무도 그 길로 지나갈 수 없을만하더라 이에 저희가 소리질러 가로되 하나님의 아들이여 우리와 당신과 무슨 상관이 있나이까 때가 이르기 전에 우리를 괴롭게 하려고 여기 오셨나이까 하더니 마침 멀리서 많은 돼지 떼가 먹고 있는지라 귀신들이 예수께 간구하여 가로되 만일 우리를 쫓아 내실찐대 돼지떼에 들여 보내소서 한대 저희더러 가라 하시니 귀신들이 나와서 돼지에게로 들어가는지라 온 떼가 비탈로 내리달아 바다에 들어가서 물에서 몰사하거늘 치던 자들이 달아나 시내에 들어가 이 모든 일과 귀신들린 자의 일을 고하니 온 시내가 예수를 만나려고 나가서 보고 그 지방에서 떠나시기를 간구하더라(마태복음Matt 8:28~34)

가버나움에서 90번 국도를 타고 북쪽으로 가면 헐몬 산을 돌아 레바논을 지나 시리아 다메섹까지 이른다. 또한 동편으로는 골란고원이 있고 그 남쪽 갈릴리 해변 가다라 지방에 거라사가 있다. 쿠르시라고 부르고 있는 거라사의 유대인 회당은 그동안 지진과 외세의 침략으로 지상 건물은 완전히 폐허가 되어 기둥 몇 개와 모자이크 몇 조각만 남아있다. 그리고 뒷산 서쪽 비탈에는 귀신 들린 자의 거처였던 무덤이 남아있어 마태, 마가와 누가복음에 기록된 말씀이 사실이었다는 것을 증거하고 있다.

49 · 나인성 Nain

청년아 일어나라

주께서 과부를 보시고 불쌍히 여기사 울지 말라 하시고 가까이 오사 그 관에 손을 대시니 멘 자들이 서는지라 예수께서 가라사대 청년아 내가 네게 말하노니 일어나라 하시매 죽었던 자가 일어앉고 말도 하거늘 예수께서 그를 어미에게 주신대(누가복음Luke 7:13~15)

나인 성 과부의 집

그 후에 예수께서 나인이란 성으로 가실쌔 제자와 허다한 무리가 동행하더니 성문에 가까이 오실 때에 사람들이 한 죽은 자를 메고 나오니 이는 그 어미의 독자요 어미는 과부라 그 성의 많은 사람도 그와 함께 나오거늘 주께서 과부를 보시고 불쌍히 여기사 울지 말라 하시고 가까이 오사 그 관에 손을 대시니 멘 자들이 서는지라 예수께서 가라사대 청년아 내가 네게 말하노니 일어나라 하시매 죽었던 자가 일어앉고 말도 하거늘 예수께서 그를 어미에게 주신대 모든 사람이 두려워하며 하나님께 영광을 돌려 가로되 큰 선지자가 우리 가운데 일어나셨다 하고 또 하나님께서 자기 백성을 돌아보셨다 하더라(누가복음Luke 7:11~16)

나사렛에서 국도 60번을 타고 남쪽으로 내려오다가 65번으로 갈아타고 5~6분 동쪽으로 올라가다 보면 'House of Widow'과부의 집 이라는 안내판이 나온다. 그 길을 따라 2~3분 가까운 거리 언덕바지에 초라한 예배당 한 채가 서있다. 이곳 나인 성에 프란체스코 수도회에서 과부를 기념하여 교회를 지었으나 산골 마을은 고요하고 찾는 사람 없어 교회 문은 닫혀있고 잡초만 우거져 있다.

나인 성 과부 기념교회

50 · 세겜 Shechem

야곱의 우물위에 지은 그리스 정교회

오직 나와 내 집은 여호와를 섬기겠노라

– 여호수아의 신앙고백

여호수아가
이스라엘 모든 지파를
세겜에 모으고
이스라엘 장로들과
그 두령들과 재판장들과
유사들을 부르매
그들이 하나님 앞에 보인지라

그러므로 이제는 여호와를
경외하며 성실과 진정으로
그를 섬길 것이라
너희의 열조가
강 저편과 애굽에서
섬기던 신들을 제하여 버리고
여호와만 섬기라
만일 여호와를 섬기는 것이
너희에게 좋지 않게 보이거든
너희 열조가 강 저편에서
섬기던 신이든지
혹 너희의 거하는 땅
아모리 사람의 신이든지
너희 섬길 자를
오늘날 택하라
오직 나와 내 집은
여호와를 섬기겠노라
(여호수아Josh 24:1, 14~15)

사마리아에 있는 수가라 하는 동네에 이르시니 야곱이 그 아들 요셉에게 준 땅이 가깝고 거기 또 야곱의 우물이 있더라 예수께서 행로에 곤하여 우물 곁에 그대로 앉으시니 때가 제 육시쯤 되었더라 사마리아 여자 하나가 물을 길러 왔으매 예수께서 물을 좀 달라 하시니

여자가 가로되 주여 물 길을 그릇도 없고 이 우물은 깊은데 어디서 이 생수를 얻겠삽나이까 우리 조상 야곱이 이 우물을 우리에게 주었고 또 여기서 자기와 자기 아들들과 짐승이 다 먹었으니 당신이 야곱보다 더 크니이까 예수께서 대답하여 가라사대 이 물을 먹는 자마다 다시 목마르려니와 내가 주는 물을 먹는 자는 영원히 목마르지 아니하리니 나의 주는 물은 그 속에서 영생하도록 솟아나는 샘물이 되리라 (요한복음John 4:5~7, 11~14)

그리스 정교회 내부

야곱의 우물이 있다는 그곳에는 역시 기념교회가 있는데 희랍 정교회다. 하늘 높이 솟아오른 교회와 종탑은 한 눈으로는 볼 수 없어서 아래에서 위로 올려다봐야 한다. 지하에 있는 우물로 내려가니 사진을 못 찍게 하며 나가라고 손짓한다. 수가 성 우물가에 가면 물 한 모금 마실 수 있을까 해서 목마른 것도 참고 먼 길을 왔는데 물 한 잔은 커녕 사진도 못 찍게 한다. 참으로 야박한 사마리아 사람이 아닌가!

위층의 교회는 사진도 동영상도 허락한다. 무엇보다 우물가의 여인과 예수님의 만남을 그려 놓은 성화에 눈이 머문다. "내가 주는 물을 먹는 자는 영원히 목마르지 아니 하리니..."

수가 성 우물가를 찾기에 갈망했는데 돌아서는 발길이 가볍지 않다.

51 · 삭개오야 내려오라

예수께서 여리고로 들어 지나가시더라 삭개오라 이름하는 자가 있으니 세리장이요 또한 부자라 저가 예수께서 어떠한 사람인가 하여 보고자 하되 키가 작고 사람이 많아 할 수 없어 앞으로 달려가 보기 위하여 뽕나무에 올라가니 이는 예수께서 그리로 지나가시게 됨이러라 예수께서 그곳에 이르사 우러러 보시고 이르시되 삭개오야 속히 내려오라 내가 오늘 네 집에 유하여야 하겠다 하시니 급히 내려와 즐거워하며 영접하거늘 뭇사람이 보고 수군거려 가로되 저가 죄인의 집에 유하러 들어갔도다 하더라 삭개오가 서서 주께 여짜오되 주여 보시옵소서 내 소유의 절반을 가난한 자들에게 주겠사오며 만일 뉘 것을 토색한 일이 있으면 사배나 갚겠나이다 예수께서 이르시되 오늘 구원이 이 집에 이르렀으니 이 사람도 아브라함의 자손임이로다 인자의 온 것은 잃어버린 자를 찾아 구원하려 함이니라(누가복음Luke 19:1~10)

여리고의 삭개오 뽕나무(돌무화과나무)

52 • 변화산/다볼산 Mt. Transfigured/Mt. Tabor

영광스러운 모습으로 변화하신 예수님

이 말씀을 하신 후 팔일쯤 되어 예수께서 베드로와 요한과 야고보를 데리시고 기도하시러 산에 올라가사 기도하실 때에 용모가 변화되고 그 옷이 희어져 광채가 나더라 문득 두 사람이 예수와 함께 말하니 이는 모세와 엘리야라 영광 중에 나타나서 장차 예수께서 예루살렘에서 별세하실 것을 말씀할새

이 말 할 즈음에 구름이 와서 저희를 덮는지라 구름 속으로 들어갈 때에 저희가 무서워하더니 구름 속에서 소리가 나서 가로되 이는 나의 아들 곧 택함을 받은 자니 너희는 저의 말을 들으라 하고 (누가복음Luke 9:28~31, 34~36)

변화산 기념교회

엿새 후에 예수께서 베드로와 야고보와 그 형제 요한을 데리시고 따로 높은 산에 올라가셨더니 저희 앞에서 변형되사 그 얼굴이 해 같이 빛나며 옷이 빛과 같이 희어졌더라 때에 모세와 엘리야가 예수로 더불어 말씀하는 것이 저희에게 보이거늘 베드로가 예수께 여짜와 가로되 주여 우리가 여기 있는 것이 좋사오니 주께서 만일 원하시면 내가 여기서 초막 셋을 짓되 하나는 주를 위하여, 하나는 모세를 위하여, 하나는 엘리야를 위하여 하리이다 말할 때에 홀연히 빛난 구름이 저희를 덮으며 구름 속에서 소리가 나서 가로되 이는 내 사랑하는 아들이요 내 기뻐하는 자니 너희는 저의 말을 들으라 하는지라(마태복음Matt 17:1~5)

변화산 정상에는 비잔틴 시대에 지었던 변화산 기념교회와 프란체스코 수도회가 세운 수도원이 있다. 교회 강단 위의 성화는 스테인드 글라스가 아닌 모자이크다. 작은 돌의 색깔로 구분하여 예수께서 변형되신 모습을 표현하였다. 얼굴이 해 같이 빛나는 예수님, 빛나는 구름 위에 서 있는 모세와 엘리아 그리고 그것을 바라보고 있는 베드로와 야고보, 요한의 모습이 어찌나 섬세하고 아름다운지 인간의 솜씨가 아니듯 하여 "주여, 여기가 좋사오니"라고 했던 베드로의 외침이 실감이 난다.

변화산 기념교회

53 · 가이사랴 빌립보 Caesarea Phillippi 신전들의 도시

너희는 나를 누구라 하느냐

예수께서 따로 기도하실 때에 제자들이 주와 함께 있더니 물어 가라사대 무리가 나를 누구라고 하느냐 대답하여 가로되 세례 요한이라 하고 더러는 엘리야라, 더러는 옛 선지자 중의 하나가 살아났다 하나이다 예수께서 이르시되 너희는 나를 누구라 하느냐 베드로가 대답하여 가로되 하나님의 그리스도시니이다 하니(누가복음Luke 9:18~20)

가이사라 빌립보(바니아스)의 동굴과 신전 유적

헐몬산 계곡에서 흐르는 시원한 물줄기

예수께서 가이사랴 빌립보 지방에 이르러 제자들에게 물어 가라사대 사람들이 인자를 누구라 하느냐 가로되 더러는 세례 요한, 더러는 엘리야, 어떤이는 예레미야나 선지자 중의 하나라 하나이다 가라사대 너희는 나를 누구라 하느냐 시몬 베드로가 대답하여 가로되 주는 그리스도시요 살아계신 하나님의 아들이시니이다

예수께서 대답하여 가라사대 바요나 시몬아 네가 복이 있도다 이를 네게 알게 한 이는 혈육이 아니요 하늘에 계신 내 아버지시니라 또 내가 네게 이르노니 너는 베드로라 내가 이 반석 위에 내 교회를 세우리니 음부의 권세가 이기지 못하리라 내가 천국 열쇠를 네게 주리니 네가 땅에서 무엇이든지 매면 하늘에서도 매일 것이요 네가 땅에서 무엇이든지 풀면 하늘에서도 풀리리라 하시고 이에 제자들을 경계하사 자기가 그리스도인 것을 아무에게도 이르지 말라 하시니라(마태복음Matt 16:13~20)

예수께서 제자들을 데리고 이곳 가이사랴 빌립보에 오셨을 때의 일을 기록한 말씀이다. 맞다! 베드로의 고백처럼 예수 그리스도만이 참 신이시며 살아계신 하나님의 아들이다. 그렇기에 예수님께서 우상들을 섬기는 이곳에 제자들을 데리고 와서 물으신 것이 아닌가.

지금은 바니아스나 파니아스라고 부르는 헐몬산 자락의 가이사랴 빌립보는 이스라엘 산지 중에서 가장 아름다운 산세를 뽐내고 있다. 동방 원정에 나선 마게도니아의 젊은 왕 알렉산더B.C 336~328는 헐몬산을 향하여 진군하다가 숲이 우거지고 맑은 물이 흐르는 아름다운 이곳을 정복하고 목자와 숲속의 신, 판Pan을 섬기는 신당과 제단을 지어 양을 제물로 드리며 제사를 지내고 파니아스라 불렀다.

이후 로마 시대에 이르러 분봉 왕 헤롯 빌립은 로마의 황제 아우구스투스에게 헌정하는 신당을 판 신전 옆에 짓고 가이사랴 빌립보라 했으니 곧 우상들의 계곡이 되었다. 이후 비잔틴 시대에는 크리스천들의 예배가 성행했으나 아랍인들의 침공으로 모든 것이 파괴되었고 이름도 그들의 언어로 바니아스라고 고쳐 불러 오늘에 이르렀다.

저희 우상은 은과 금이요 사람의 수공물이라 입이 있어도 말하지 못하며 눈이 있어도 보지 못하며 귀가 있어도 듣지 못하며 코가 있어도 말지 못하며 손이 있어도 만지지 못하며 발이 있어도 걷지 못하며 목구멍으로 소리도 못하느니라 우상을 만드는 자와 그것을 의지하는 자가 다 그와 같으리로다 이스라엘아 여호와를 의지하라 그는 너희 도움이시요 너희 방패시로다 아론의 집이여 여호와를 의지하라 그는 너희 도움이시요 너희 방패시로다 여호와를 경외하는 너희는 여호와를 의지하라 그는 너희 도움이시요 너희 방패시로다(시편Ps 115:4~11)

54 • 주기도문교회

예수께서 한 곳에서 기도하시고 마치시매 제자 중 하나가 여짜오되 주여 요한이 자기 제자들에게 기도를 가르친 것과 같이 우리에게도 가르쳐 주옵소서(누가복음Luke 11:1)

주기도문교회

주님이 가르치신 기도
그러므로 너희는 이렇게 기도하라
하늘에 계신 우리 아버지여
이름이 거룩히 여김을 받으시오며
나라이 임하옵시며
뜻이 하늘에서 이룬 것 같이
땅에서도 이루어지이다
오늘날 우리에게 일용할 양식을 주옵시고
우리가 우리에게 죄 지은 자를 사하여 준것 같이
우리 죄를 사하여 주옵시고
우리를 시험에 들게 하지 마옵시고
다만 악에서 구하옵소서
나라와 권세와 영광이
아버지께 영원히 있사옵나이다
아멘(마태복음Matt 6:9~13)

100여 개의 언어로 주기도문이 새겨져 있는 벽면

55 • 베다니 Bethany

나사로를 깨우러 가시다

예수께서 베다니 문둥이 시몬의 집에 계실 때에 한 여자가 매우 귀한 향유 한 옥합을 가지고 나아와서 식사하시는 예수의 머리에 부으니 제자들이 보고 분하여 가로되 무슨 의사로 이것을 허비하느뇨 이것을 많은 값에 팔아 가난한 자들에게 줄 수 있었겠도다 하거늘 예수께서 아시고 저희에게 이르시되 너희가 어찌하여 이 여자를 괴롭게 하느냐 저가 내게 좋은 일을 하였느니라 가난한 자들은 항상 너희와 함께 있거니와 나는 항상 함께 있지 아니하리라 이 여자가 내 몸에 이 향유를 부은 것은 내 장사를 위하여 함이니라 내가 진실로 너희에게 이르노니 온 천하에 어디서든지 이 복음이 전파되는 곳에는 이 여자의 행한 일도 말하여 저를 기념하리라 하시니라(마태복음Matt 26:6~13)

어떤 병든 자가 있으니 이는 마리아와 그 형제 마르다의 촌 베다니에 사는 나사로라 이 마리아는 향유를 주께 붓고 머리털로 주의 발을 씻기던 자요 병든 나사로는 그의 오라비러라 이에 그 누이들이 예수께 사람을 보내어 가로되 주여 보시옵소서 사랑하시는 자가 병들었나이다 하니 예수께서 들으시고 가라사대 이 병은 죽을 병이 아니라 하나님의 영광을 위함이요 하나님의 아들로 이를 인하여 영광을 얻게 하려함이라 하시더라 (요한복음John 11:1~4)

예수께서 본래 마르다와 그 동생과 나사로를 사랑하시더니 나사로가 병들었다 함을 들으시고 그 계시던 곳에 이틀을 더 유하시고 그 후에 제자들에게 이르시되 유대로 다시 가자 하시니 제자들이 말하되 랍비여 방금도 유대인들이 돌로 치려 하였는데 또 그리로 가시려 하나이까 예수께서 대답하시되 낮이 열 두시가 아니냐 사람이 낮에 다니면 이 세상의 빛을 보므로 실족하지 아니하고 밤에 다니면 빛이 그 사람 안에 없는고로 실족하느니라

이 말씀을 하신 후에 또 가라사대 우리 친구 나사로가 잠들었도다 그러나 내가 깨우러 가노라 제자들이 가로되 주여 잠들었으면 낫겠나이다 하더라 예수는 그의 죽음을 가리켜 말씀하신 것이나 저희는 잠들어 쉬는 것을 가리켜 말씀하심인줄 생각하는지라 이에 예수께서 밝히 이르시되 나사로가 죽었느니라 내가 거기 있지 아니한 것을 너희를 위하여 기뻐하노니 이는 너희로 믿게 하려함이라 그러나 그에게로 가자 하신대 디두모라 하는 도마가 다른 제자들에게 말하되 우리도 주와 함께 죽으러 가자 하니라(요한복음John 11:5~16)

예루살렘 산지

56 • 나사로 기념교회

나는 부활이요 생명이니

예수께서 가라사대 네 오라비가 다시 살리라 마르다가 가로되 마지막 날 부활에는 다시 살 줄을 내가 아나이다 예수께서 가라사대 나는 부활이요 생명이니 나를 믿는 자는 죽어도 살겠고 무릇 살아서 나를 믿는 자는 영원히 죽지 아니하리니 이것을 네가 믿느냐 가로되 주여 그러하외다 주는 그리스도시요 세상에 오시는 하나님의 아들이신줄 내가 믿나이다(요한복음John 11:23~27)

이에 예수께서 다시 속으로 통분히 여기시며 무덤에 가시니 무덤이 굴이라 돌로 막았거늘 예수께서 가라사대 돌을 옮겨 놓으라 하시니 그 죽은 자의 누이 마르다가 가로되 주여 죽은지가 나흘이 되었으매 벌써 냄새가 나나이다 예수께서 가라사대 내 말이 네가 믿으면 하나님의 영광을 보리라

나사로 기념교회

하지 아니하였느냐 하신대 돌을 옮겨 놓으니 예수께서 눈을 들어 우러러 보시고 가라사대 아버지여 내 말을 들으신 것을 감사하나이다 항상 내 말을 들으시는 줄을 내가 알았나이다 그러나 이 말씀 하옵는 것은 둘러선 무리를 위함이니 곧 아버지께서 나를 보내신 것을 저희로 믿게 하려 함이니이다 이 말씀을 하시고 큰 소리로 나사로야 나오라 부르시니 죽은 자가 수족을 베로 동인채로 나오는데 그 얼굴은 수건에 싸였더라 예수께서 가라사대 풀어 놓아 다니게 하라 하시니라(요한복음John 11:38~44)

나사로 무덤

DIXIT EI JESUS: EGO SUM RESURRECTIO ET VITA. IOH. XI

감람산 동쪽에 있는 베다니는 벳바게와 가까운 마을로서 예수님 당시에는 소외되고 가난한 자들이 사는 산촌이었다. 예수님께서는 감람산이나 예루살렘을 다녀오실 때 베다니에 잠시 들러 머무시면서 가난한 자들의 친구가 되어 주셨다. 그곳에 나사로의 3남매가나사로, 마리아, 마르다 살고 있었는데 나사로가 병들었다는 소식이 들려왔다. 그런데 예수님께서 도착해보니 나사로가 이미 죽은 지 나흘이나 되었다.

예수님은 나사로의 무덤 앞에서 "나사로야 나오너라."하고 부르셨고 죽은 나사로가 살아서 나오는 기적이 일어났다. 이곳 베다니에는 나사로 기념교회와 나사로의 무덤이 있다. 한편 죽음에서 살아난 나사로는 구브로에서 30년 동안 사역하였고 사망 후에는 구브로의 수도 라낭카의 성인으로 추앙받았으며 그곳에도 나사로 기념교회가 있다.

나사로 기념교회

57 · 에브라임 Ephraim

예수께서 마지막으로 방문한 마을

이 날부터는 저희가 예수를 죽이려고 모의하니라 그러므로 예수께서 다시 유대인 가운데 드러나게 다니지 아니하시고 여기를 떠나 빈 들 가까운 곳인 에브라임이라는 동네에 가서 제자들과 함께 거기 유하시니라(요한복음John 11:53~54)

예수님께서 죽은 나사로를 다시 살리셨다는 소문이 온 예루살렘에 퍼지자 많은 유대인이 예수님을 믿게 되었다. 이에 대제사장과 바리새인들이 예수님을 죽이기로 모의하였다.

하지만 아직 때가 되지 않음을 아신 예수님께서는 제자들과 함께 한적한 시골 마을인 에브라임으로 가셔서 유하시다가 유월절을 앞두고 다시 베다니 나병환자 시몬의 집으로 오셨다.

이때 나사로의 누이 마리아가 매우 값진 향유를 가져와 예수님의 머리에 부었고 예수님께서는 그녀가 행한 일예수님의 장사를 예비함이 복음이 전파되는 곳마다 기념되리라고 말씀하셨다.

에브라임 산지에 가면 St. George 교회 유적이 있어 순례객들을 맞이한다.

58 · 벳바게 Bethphage

주가쓰시겠다 하라

저희가 예루살렘에 가까이 와서 감람산 벳바게와 베다니에 이르을 때에 예수께서 제자 중 둘을 보내시며 이르시되 너희 맞은편 마을로 가라 그리로 들어가면 곧 아직 아무 사람도 타 보지 않은 나귀 새끼의 매여 있는 것을 보리니 풀어 끌고 오너라 만일 누가 너희에게 왜 이리 하느냐 묻거든 주가 쓰시겠다 하라 그리하면 즉시 이리로 보내리라 하시니(마가복음Mark 11:1~3)

벳바게 기념교회

벳바게에서 예루살렘으로 가는 길

제자들이 가서 본즉 나귀 새끼가 문앞 거리에 매여 있는지라 그것을 푸니 거기 섰는 사람 중 어떤이들이 가로되 나귀 새끼를 풀어 무엇하려느냐 하매 제자들이 예수의 이르신대로 말한대 이에 허락하는지라 나귀 새끼를 예수께로 끌고 와서 자기들의 겉옷을 그 위에 걸쳐두매 예수께서 타시니(마가복음Mark 11:4~7)

구원을 베풀 왕

시온의 딸아 크게 기뻐할찌어다 예루살렘의 딸아 즐거이 부를찌어다 보라 네 왕이 네게 임하나니 그는 공의로우며 구원을 베풀며 겸손하여서 나귀를 타나니 나귀의 작은 것 곧 나귀새끼니라(스가랴Zech 9:9)

59 • 호산나 찬송하리로다!

그 이튿날에는 명절에 온 큰 무리가 예수께서 예루살렘으로 오신다 함을 듣고 종려나무 가지를 가지고 맞으러 나가 외치되 호산나 찬송하리로다 주의 이름으로 오시는이 곧 이스라엘의 왕이시여 하더라 예수는 한 어린 나귀를 만나서 타시니 이는 기록된바 시온 딸아 두려워 말라 보라 너의 왕이 나귀 새끼를 타고 오신다 함과 같더라 제자들은 처음에 이 일을 깨닫지 못하였다가 예수께서 영광을 얻으신 후에야 이것이 예수께 대하여 기록된 것임과 사람들이 예수께 이같이 한 것인줄 생각났더라 나사로를 무덤에서 불러내어 죽은자 가운데서 살리실 때에 함께 있던 무리가 증거한지라 이에 무리가 예수를 맞음은 이 표적 행하심을 들었음이러라 바리새인들이 서로 말하되 볼찌어다 너희 하는 일이 쓸데 없다 보라 온 세상이 저를 좇는도다 하니라(요한복음John 12:12~19)

예수님께서 감람산에서 예루살렘으로 가는 작은 길을 나귀를 타시고 가시자, 예루살렘 성안의 많은 사람들이 이스라엘을 다스리는 새 왕이 오실 것이라고 믿고 종려 가지를 손에 들고 미문을 지나 예수님을 맞이하였다. 그러나 지금 그 길은 죽은 자의 텃밭이 되었고 화려했던 그 황금문은 아무도 드나들 수 없도록 막아버려 무덤을 지키는 문장이 되어버렸다.

예수께서 날마다 성전에서 가르치시니 대제사장들과 서기관들과 백성의 두목들이 그를 죽이려고 꾀하되 백성이 다 그에게 귀를 기울여 들으므로 어찌할 방침을 찾지 못하였더라(누가복음Luke 19:47~48)

예루살렘 전경

예수님께서는 유월절을 지키기 위해 예루살렘으로 입성하실 때 나귀 새끼를 타고 들어가셨다. 그 나귀 새끼는 사람을 태워 본 경험이 없었을 것이고 벳바게에 사는 가난한 자의 재산 품목 중의 하나인데 왜 예수님은 보잘것없는 그 나귀 새끼를 선택하셨을까? 그것도 십자가에서의 구원 사역을 본격적으로 이루기 위해서 가는 장엄한 길목에서 말이다.

기드론 골짜기의 사도교회

예수님은 세상 임금과는 달리 끝까지 겸손의 왕으로 우리와 함께 하셨다. 그런 주님이 쓰시겠다 하면 무엇인들 거부할 수 있으랴? 나귀 새끼처럼 보잘것없는 나 역시 주님께 쓰임 받는다면 이보다 더 큰 영광이 어디 있으랴. 하지만 어른이나 아이 할 것 없이 종려나무 가지를 들고 나와 호산나를 외치는 무리를 보고 바리새인과 관원들은 예수님을 죽일 음모를 더욱 본격화하였다.

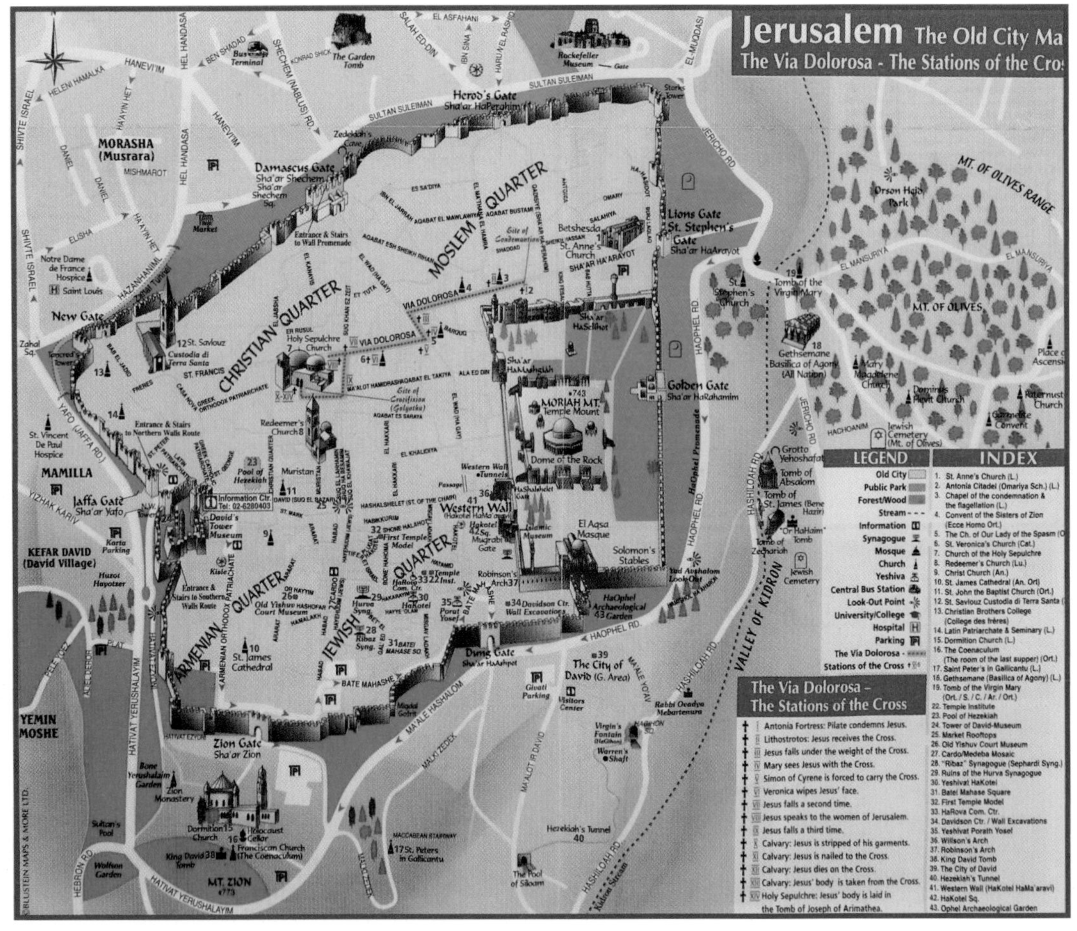

예루살렘아 예루살렘아

예루살렘아 예루살렘아 선지자들을 죽이고 네게 파송된 자들을 돌로 치는 자여 암탉이 그 새끼를 날개 아래 모음 같이 내가 네 자녀를 모으려 한 일이 몇번이냐 그러나 너희가 원치 아니하였도다 보라 너희 집이 황폐하여 버린바 되리라 내가 너희에게 이르노니 이제부터 너희는 찬송하리로다 주의 이름으로 오시는 이여 할 때까지 나를 보지 못하리라 하시니라(마태복음Matt 23:37~39)

예루살렘은 해발 780M에 있는 여부스 족속의 난공불락의 요새였는데 다윗이 점령하여 다윗성이라 불렀다. 삼하 5:7~10 다윗은 헤브론에서 이스라엘의 왕이 되자 왕도를 예루살렘으로 옮겼다. 그러나 거룩한 성 예루살렘은 바벨론 왕 느부갓네살BC.587의 침공이 있고 난 뒤 알렉산더, 이집트, 그리고 로마에 멸망 당했다. 그 후 잠시 비잔틴 시대를 맞이했으나 AD. 638년 이슬람에 의해 유대인의 성지에서 이슬람의 성지가 되어 오늘에 이른다. 지금 무너진 성전 터에는 이슬람의 황금색 모스크가 예루살렘의 랜드마크가 되어 온 세계의 관광객을 불러 모은다. 물론 대부분 기독교인이 주된 순례객이다.

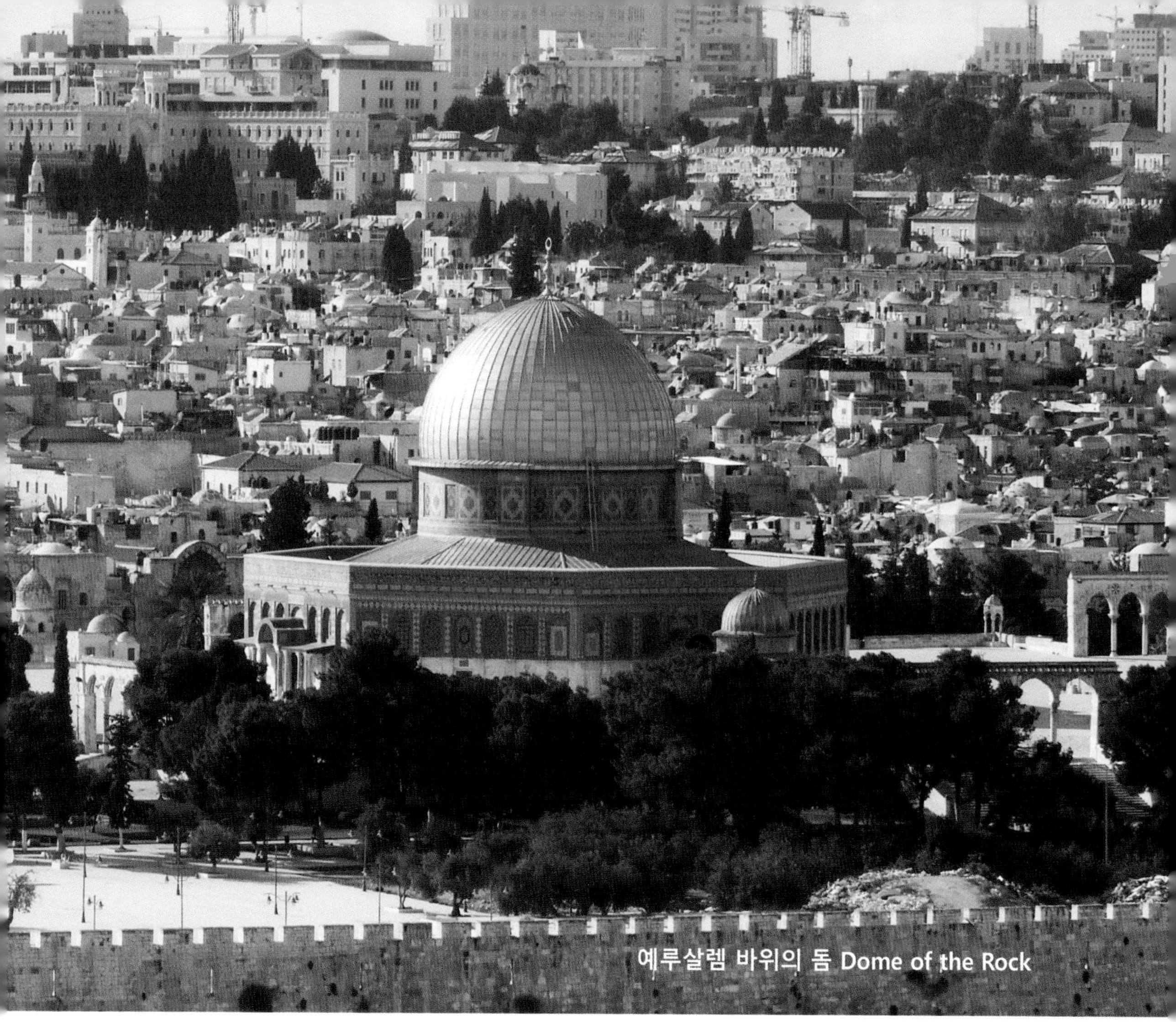

예루살렘 바위의 돔 Dome of the Rock

아브라함은 하나님의 명령에 따라 이곳 모리아 산에서 이삭을 제물로 드리려고 했다. 그러나 무함마드 Muhammad, 마호메트, AD 570~632에 의해 610년경에 창시된 이슬람은 아브라함이 모리아 산에서 하나님께 바치려 했던 자녀는 이삭이 아니라 이스마엘이라고 주장하며 이곳 모리아 산에 황금 사원을 지었다.

"Now I know that thou fearest God"

예루살렘을 보고 눈물을 흘리신 예수님은 아직도 유대인들이 예수님을 부인하고 메시아를 기다린다는 것을 아시고 눈물을 흘리셨을까?
기독교와 유대교 그리고 이슬람교의 성지인 예루살렘엔 각국에서 온 관광객으로 가득 차 있지만 세상의 빛으로 오신 메시아 예수 그리스도의 마음을 아는 이가 누굴까?

60 • 눈물교회

예루살렘을 보시고 우신 예수님

가까이 오사 성을 보시고 우시며 가라사대 너도 오늘날 평화에 관한 일을 알았더면 좋을 뻔하였거니와 지금 네 눈에 숨기웠도다 날이 이를찌라 네 원수들이 토성을 쌓고 너를 둘러 사면으로 가두고 또 너와 및 그 가운데 있는 네 자식들을 땅에 메어치며 돌 하나도 돌 위에 남기지 아니하리니 이는 권고 받는 날을 네가 알지 못함을 인함이니라 하시니라(누가복음Luke 19:41~44)

눈물교회

61 · 마가의 다락방

최후의 만찬과 오순절 성령강림

저희가 먹을 때에 예수께서 떡을 가지사 축복하시고 떼어 제자들을 주시며 가라사대 받아 먹으라 이것이 내 몸이니라 하시고 또 잔을 가지사 사례하시고 저희에게 주시며 가라사대 너희가 다 이것을 마시라 이것은 죄 사함을 얻게 하려고 많은 사람을 위하여 흘리는바 나의 피 곧 언약의 피니라 (마태복음Matt 26:26~28)

오순절날이 이미 이르매 저희가 다 같이 한곳에 모였더니 홀연히 하늘로부터 급하고 강한 바람 같은 소리가 있어 저희 앉은 온 집에 가득하며 불의 혀 같이 갈라지는 것이 저희에게 보여 각 사람 위에 임하여 있더니 저희가 다 성령의 충만함을 받고 성령이 말하게 하심을 따라 다른 방언으로 말하기를 시작하니라(사도행전Acts 2:1~4)

예수님께서 제자들과 함께 유월절을 지키시며 자기 몸과 피를 내어주심으로 우리의 죄를 사해 주신다는 새 언약을 말씀해 주셨다. 이처럼 소중한 주님의 언약이 있던 다락방에서 제자들은 예수님께서 부활, 승천하신 후 함께 모여 기도하다가 성령이 임재하시는 역사를 체험하였다. 교회사가 시작된 뜻깊은 이곳이 지금은 볼 것이 없다 하여 찾는 이가 드물다.

마가의 다락방은 AD. 614년 아랍인의 침공으로 소실 당하고 잊혀진 세월을 보내다가 1176년 십자군이 예루살렘을 점령한 뒤 모데투스Modetus 라는 수도사가 예수님의 최후의 만찬을 기념하기 위해 수리 정리하였다. 그동안 프란체스코 수도회가 관리하다 터키의 오스만 제국의 수중에 넘어갔으나 이스라엘이 독립되자 지금은 가톨릭교회가 관리 보존하고 있다.

마가의 다락방

62 • 베데스다 Bethesda

예루살렘에 있는 양문 곁에 히브리 말로 베데스다라 하는 못이 있는데 거기 행각 다섯이 있고 그 안에 많은 병자, 소경, 절뚝발이, 혈기 마른 자들이 누워 물의 동함을 기다리니

거기 삼십 팔년 된 병자가 있더라 예수께서 그 누운 것을 보시고 병이 벌써 오랜줄 아시고 이르시되 네가 낫고자 하느냐 병자가 대답하되 주여 물이 동할 때에 나를 못에 넣어 줄 사람이 없어 내가 가는 동안에 다른 사람이 먼저 내려가나이다 예수께서 가라사대 일어나 네 자리를 들고 걸어가라 하시니 그 사람이 곧 나아서 자리를 들고 걸어 가니라 (요한복음John 5:2~3, 5~9)

베데스다 연못 터

63 · 안나기념교회

'자비의 집' 또는 '은혜의 집'으로 번역되는 베데스다 연못에서 예수님께서는 38년 동안 병을 앓으며 그곳에 누워있던 병자를 고치셨다. 안식일에 병을 고칠 뿐만 아니라 하나님을 아버지라고 부른 것이 신성모독이라고 여긴 유대인들은 더욱 예수님을 죽일 구실을 찾게 되었다.

베데스다 연못 터 옆에는 십자군 시대에 지어진 견고해 보이는 교회가 있다. 바로 여기가 예수님 어머니 마리아가 태어난 곳을 기념하여 지은 안나기념교회이다. 이 교회는 마리아의 어머니 이름을 따라 성안나 교회라고 부른다.

64 • 감람산 Mt. Olives

예루살렘 성 동쪽에 위치한 감람산에는 겟세마네가 있다. 이곳은 예수님께서 자주 찾아와 기도하셨던 기도의 동산으로 예루살렘에서는 가장 한적하고 아름다운 동산이다.

이에 예수께서 제자들과 함께 겟세마네라 하는 곳에 이르러 제자들에게 이르시되 내가 저기 가서 기도할 동안에 너희는 여기 앉아 있으라 하시고 베드로와 세베대의 두 아들을 데리고 가실쌔 고민하고 슬퍼하사 이에 말씀하시되 내 마음이 심히 고민하여 죽게 되었으니 너희는 여기 머물러 나와 함께 깨어 있으라 하시고 조금 나아가사 얼굴을 땅에 대시고 엎드려 기도하여 가라사대 내 아버지여 만일 할만하시거든 이 잔을 내게서 지나가게 하옵소서 그러나 나의 원대로 마옵시고 아버지의 원대로 하옵소서 하시고(마태복음Matt 26:36~39)

65 • 만국교회

AD. 379년 비잔틴 시대에 예수께서 마지막 기도를 드리시고 체포 당한 그 자리를 기념하기 위하여 최초로 겟세마네 동산 기념교회가 세워졌다. 그러나 AD. 613년 이슬람의 침공으로 교회는 불타고 훼손되었다. 그 후 십자군 시대에 이르러 교회는 복원되었으나 1345년 또 다시 이슬람에 의해 철저히 파괴되었다. 1919년 황무했던 교회터에 16개국의 헌금으로 교회를 세우고 만국교회 Church of all nations 혹은 겟세마네 교회로 부른다.

감람산 만국교회

감람산 겟세마네 동산

겟세마네의 기도

예수께서 나가사 습관을 좇아 감람산에 가시매 제자들도 좇았더니 그곳에 이르러 저희에게 이르시되 시험에 들지 않기를 기도하라 하시고 저희를 떠나 돌 던질만큼 가서 무릎을 꿇고 기도하여 가라사대 아버지여 만일 아버지의 뜻이어든 이 잔을 내게서 옮기시옵소서 그러나 내 원대로 마옵시고 아버지의 원대로 되기를 원하나이다 하시니 사자가 하늘로부터 예수께 나타나 힘을 돕더라 예수께서 힘쓰고 애써 더욱 간절히 기도하시니 땀이 땅에 떨어지는 피방울 같이 되더라 기도 후에 일어나 제자들에게 가서 슬픔을 인하여 잠든 것을 보시고 이르시되 어찌하여 자느냐 시험에 들지 않게 일어나 기도하라 하시니라

말씀하실 때에 한 무리가 오는데 열 둘 중에 하나인 유다라 하는 자가 그들의 앞에 서서 와서 예수께 입을 맞추려고 가까이 하는지라 예수께서 이르시되 유다야 네가 입맞춤으로 인자를 파느냐 하시니 좌우가 그 될 일을 보고 여짜오되 주여 우리가 검으로 치리이까 하고 그 중에 한 사람이 대제사장의 종을 쳐 그 오른편 귀를 떨어뜨린지라 예수께서 일러 가라사대 이것까지 참으라 하시고 그 귀를 만져 낫게 하시더라 예수께서 그 잡으러 온 대제사장들과 성전의 군관들과 장로들에게 이르시되 너희가 강도를 잡는 것 같이 검과 몽치를 가지고 나왔느냐 내가 날마다 너희와 함께 성전에 있을 때에 내게 손을 대지 아니하였도다 그러나 이제는 너희 때요 어두움의 권세로다 하시더라(누가복음Luke 22:39~53)

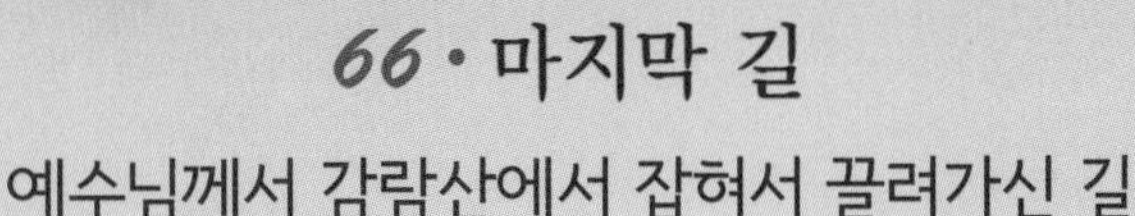

66 • 마지막 길

예수님께서 감람산에서 잡혀서 끌려가신 길

감람산에서 예루살렘으로 가는 길

가룟 유다의 배신으로 잡히신 예수

이에 군대와 천부장과 유대인의 하속들이 예수를 잡아 결박하여 먼저 안나스에게로 끌고 가니 안나스는 그 해의 대제사장인 가야바의 장인이라 가야바는 유대인들에게 한 사람이 백성을 위하여 죽는 것이 유익하다 권고하던 자러라(요한복음John 18:12~14)

예수님께서 감람산 겟세마네 동산에서 기도를 마치신 후 가룟 유다와 함께 온, 대제사장과 백성의 장로들이 보낸 무리에 의해 잡히셔서 끌려가신 길이기에 마지막 길The last path이라고 부른다.

이 길은 감람산에서 예루살렘으로 올라가는 작은 길이다. 예수님과 제자들과 많은 무리들이 이 길을 걸었으며 이 길이 있는 기드론 골짜기에는 다윗의 아들 압살롬의 기념비와 여호사밧 동굴 야고보의 무덤과 스가랴의 무덤이 있다.

여호사밧의 동굴과 스가랴의 무덤 & 압살롬의 기념비

압살롬은 아들이 없으므로 자기의 이름이 후대에 전해지지 못할 것을 염려하여 스스로 기념 기둥 하나를 세웠는데 이것이 후대에 전해졌지만, 압살롬은 아버지 다윗에 반역하다 비참하게 죽은 비운의 왕자로 기억될 뿐이다.

유다의 왕 여호사밧은 여호와 보시기에 정직한 왕으로 유다를 개혁하여 남색하는 자를 좇아내고 국가를 개혁한 왕이다.

이방 모든 나라가 여호와께서 이스라엘의 적군을 치셨다 함을 듣고 하나님을 두려워한고로 여호사밧의 나라가 태평하였으니 이는 그 하나님이 사방에서 저희에게 평강을 주셨음이더라(역대하2Chr 20:29~30)

감람산에서 예루살렘으로 가는 길에 있는 여호사밧의 동굴, 스가랴의 무덤, 압살롬의 기념비

유대 광야의 가시나무

가시눈물

피에젖은 십자가는
세상질고 탓이련가
여인들의 흐느낌에
순례자는 애만탄다
돌로로사 언덕길은
죽음의길 생명의길
쓰러지고 넘어져도
주님홀로 걸으신길

가시관을 쓰신것은
세상사람 조롱거리
하늘에서 씌운것을
어이하여 벗을쏜가
자국마다 고비마다
라마라마 사박다니
주님가신 길이오니
순례자도 가야하네

시/이백호 목사

예수께서 친히 몸에
맞으신고
내가 나음을 얻었도다

이근화 사모

67 · 십자가의 길

Via Dolorosa

예수님이 본디오 빌라도에게 재판받으시고 십자가에 못 박히시고 장사 지낸 장소를 비아돌로로사(슬픔의 길, 고난의 길) 이라고 한다.

사형 선고를 받으신 곳, 예수님께서 십자가를 지신 곳, 처음으로 쓰러지신 곳... 마지막 예수님의 무덤 등 14곳에 당시의 사건을 재현해 주는 기념물이 있다. 골로다를 향해 가는 순례 팀으로 가득한 이 길을 고난 받으신 예수 그리스도를 묵상하며 간다는 것은 참으로 어렵다. 차라리 성경에 기록하신 말씀으로 아쉬움을 달랜다.

빌라도가 가로되 그러면 그리스도라 하는 예수를 내가 어떻게 하랴 저희가 다 가로되 십자가에 못 박혀야 하겠나이다(마태복음Matt 27:22)

채찍교회

빌라도가 가로되 어찜이뇨 무슨 악한 일을 하였느냐 저희가 더욱 소리질러 가로되 십자가에 못 박혀야 하겠나이다 하는지라 빌라도가 아무 효험도 없이 도리어 민란이 나려는 것을 보고 물을 가져다가 무리 앞에서 손을 씻으며 가로되 이 사람의 피에 대하여 나는 무죄하니 너희가 당하라 백성이 다 대답하여 가로되 그 피를 우리와 우리 자손에게 돌릴찌어다 하거늘 이에 바라바는 저희에게 놓아주고 예수는 채찍질하고 십자가에 못 박히게 넘겨주니라

이에 총독의 군병들이 예수를 데리고 관정 안으로 들어가서 온 군대를 그에게로 모으고 그의 옷을 벗기고 홍포를 입히며 가시 면류관을 엮어 그 머리에 씌우고 갈대를 그 오른손에 들리고 그 앞에서 무릎을 꿇고 희롱하여 가로되 유대인의 왕이여 평안할찌어다 하며그에게 침 뱉고 갈대를 빼앗아 그의 머리를 치더라 희롱을 다한 후 홍포를 벗기고 도로 그의 옷을 입혀 십자가에 못 박으려고 끌고 나가니라 나가다가 시몬이란 구레네 사람을 만나매 그를 억지로 같이 가게 하여 예수의 십자가를 지웠더라 골고다 즉 해골의 곳이라는 곳에 이르러 쓸개 탄 포도주를 예수께 주어 마시게 하려 하였더니 예수께서 맛보시고 마시고자 아니하시더라 저희가 예수를 십자가에 못 박은 후에 그 옷을 제비 뽑아 나누고 거기 앉아 지키더라 그 머리 위에 이는 유대인의 왕 예수라 쓴 죄패를 붙였더라 이때에 예수와 함께 강도 둘이 십자가에 못 박히니 하나는 우편에, 하나는 좌편에 있더라(마태복음Matt 28:22~38)

또 백성과 및 그를 위하여 가슴을 치며 슬피 우는 여자의 큰 무리가 따라 오는지라 예수께서 돌이켜 그들을 향하여 가라사대 예루살렘의 딸들아 나를 위하여 울지 말고 너희와 너희 자녀를 위하여 울라(누가복음Luke 23:27~28)

가상칠언

첫번째 말씀 : 아버지여 저희를 사하여 주옵소서 자기의 하는 것을 알지 못함이니이다(누가복음 23:34)

두번째 말씀 : 내가 진실로 네게 이르노니 오늘 네가 나와 함께 낙원에 있으리라(누가복음 23:43)

세번째 말씀 : 여자여 보소서 아들이니이다(요한복음 19:26)

네번째 말씀 : 엘리 엘리 라마 사박다니 하시니 이는 곧 나의 하나님, 나의 하나님,
어찌하여 나를 버리셨나이까 하는 뜻이라(마태복음 27:46)

다섯번째 말씀 : 아버지여 내 영혼을 아버지 손에 부탁하나이다(누가복음 23:46)

여섯번째 말씀 : 내가 목마르다(요한복음 19:28)

일곱번째 말씀 : 다 이루었다 하시고 머리를 숙이시고 영혼이 돌아가시니라(요한복음 19:30)

저물었을 때에 아리마대 부자 요셉이라 하는 사람이 왔으니 그도 예수의 제자라 빌라도에게 가서 예수의 시체를 달라 하니 이에 빌라도가 내어주라 분부하거늘 요셉이 시체를 가져다가 정한 세마포로 싸서 바위 속에 판 자기 새무덤에 넣어 두고 큰 돌을 굴려 무덤 문에 놓고 가니 거기 막달라 마리아와 다른 마리아가 무덤을 향하여 앉았더라(마태복음Matt 27:57~61)

안식후 첫날 새벽에 이 여자들이 그 예비한 향품을 가지고 무덤에 가서 돌이 무덤에서 굴려 옮기운 것을 보고 들어가니 주 예수의 시체가 뵈지 아니하더라 이를 인하여 근심할 때에 문득 찬란한 옷을 입은 두 사람이 곁에 섰는지라 여자들이 두려워 얼굴을 땅에 대니 두 사람이 이르되 어찌하여 산 자를 죽은 자 가운데서 찾느냐 여기 계시지 않고 살아나셨느니라 갈릴리에 계실 때에 너희에게 어떻게 말씀하신 것을 기억하라 이르시기를 인자가 죄인의 손에 넘기워 십자가에 못 박히고 제 삼일에 다시 살아나야 하리라 하셨느니라 한대 저희가 예수의 말씀을 기억하고 무덤에서 돌아가 이 모든 것을 열 한 사도와 모든 다른 이에게 고하니 이 여자들은 막달라 마리아와 요안나와 야고보의 모친 마리아라 또 저희와 함께한 다른 여자들도 이것을 사도들에게 고하니라(누가복음Luke 24:1~10)

68 • 막달라 마리아 교회

부활하신 예수 그리스도

안식일이 다하여가고 안식 후 첫날이 되려는 미명에 막달라 마리아와 다른 마리아가 무덤을 보려고 왔더니 큰 지진이 나며 주의 천사가 하늘로서 내려와 돌을 굴려 내고 그 위에 앉았는데 그 형상

이 번개 같고 그 옷은 눈 같이 희거늘 수직하던 자들이 저를 무서워하여 떨며 죽은 사람과 같이 되었더라 천사가 여자들에게 일러 가로되 너희는 무서워 말라 십자가에 못 박히신 예수를 너희가 찾는 줄을 내가 아노라 그가 여기 계시지 않고 그의 말씀하시던대로 살아나셨느니라 와서 그의 누우셨던 곳을 보라(마태복음Matt 28:1~6)

감람산에 있는 러시아 정교회 소유의 막달라 마리아 기념교회

69 • 엠마오 Emmaus

그 날에 저희 중 둘이 예루살렘에서 이십 오리 되는 엠마오라 하는 촌으로 가면서 이 모든 된 일을 서로 이야기하더라 저희가 서로 이야기하며 문의할 때에 예수께서 가까이 이르러 저희와 동행하시나 저희의 눈이 가리워져서 그인줄 알아보지 못하거늘 예수께서 이르시되 너희가 길 가면서 서로 주고 받고 하는 이야기가 무엇이냐 하시니 두 사람이 슬픈 빛을 띠고 머물러 서더라 그 한 사람인 글로바라 하는 자가 대답하여 가로되 당신이 예루살렘에 우거하면서 근일 거기서 된 일을 홀로 알지 못하느뇨 가라사대 무슨 일이뇨 가로되 나사렛 예수의 일이니 그는 하나님과 모든 백성 앞에서 말과 일에 능하신 선지자여늘 우리 대제사장들과 관원들이 사형 판결에 넘겨주어 십자가에 못 박았느니라

우리는 이 사람이 이스라엘을 구속할 자라고 바랐노라 이뿐 아니라 이 일이 된지가 사흘째요 또한 우리 중에 어떤 여자들이 우리로 놀라게 하였으니 이는 저희가 새벽에 무덤에 갔다가 그의 시체는 보지 못하고 와서 그가 살으셨다 하는 천사들의 나타남을 보았다 함이라 또 우리와 함께한 자 중에 두어 사람이 무덤에 가 과연 여자들의 말한 바와 같음을 보았으나 예수는 보지 못하였느니라 하거늘

가라사대 미련하고 선지자들의 말한 모든 것을 마음에 더디 믿는 자들이여 그리스도가 이런 고난을 받고 자기의 영광에 들어가야 할 것이 아니냐 하시고 이에 모세와 및 모든 선지자의 글로 시작하여 모든 성경에 쓴바 자기에 관한 것을 자세히 설명하시니라 저희의 가는 촌에 가까이 가매 예수는 더 가려하는 것 같이 하시니 저희가 강권하여 가로되 우리와 함께 유하사이다 때가 저물어가고 날이 이미 기울었나이다 하니 이에 저희와 함께 유하러 들어 가시니라 (누가복음Luke 24:13~29)

엠마오 기념교회 터

엠마오 가는 길

길이신 분 길이 되어 주셨다
외로운 광야의 길
처참한 채찍의 길
두려운 죽음의 길
길이신 분
털 깍는 양처럼
묵묵히 가신 그 길
길이신 분이 길 바닥되어
다 밟고가라 누우셨는데
그와 함께 걸었던 길
엠마오 가는 그 길

예수 잃은 허전한 맘
돌아가는 낙심의 밤
두렴 덮힌 침묵속에
가슴 우는 그리운 맘
누군가 이 사람은
낯익은 목소리
언젠가 들었던
낯 익은 그 음성
함께 음식 뗄 때에야
비로서 눈 열려
하나 이미 떠나시고
귓전엔 아까 그 음성
이전에 듣던 그 사랑

아 옷자락 붙잡고 울고 싶어라
어느결에 어디로 가셨는지
왜 이렇게 가슴이 뜨거워지더냐
길이요 진리요 생명이신
당신의 음성이었음을
떠난자리 허허한데
부활이 생명되어
가슴에 불을 지폈다
엠마오 가던 이 길에
오늘도
부드러운 그 음성 들려온다

- 이동진

저희와 함께 음식 잡수실 때에 떡을 가지사 축사하시고 떼어 저희에게 주시매 저희 눈이 밝아져 그 인줄 알아 보더니 예수는 저희에게 보이지 아니하시는지라 저희가 서로 말하되 길에서 우리에게 말씀하시고 우리에게 성경을 풀어 주실 때에 우리 속에서 마음이 뜨겁지 아니하더냐 하고 곧 그시로

엠마오 기념교회 터

일어나 예루살렘에 돌아가 보니 열 한 사도와 및 그와 함께한 자들이 모여 있어 말하기를 주께서 과연 살아나시고 시몬에게 나타나셨다 하는지라두 사람도 길에서 된 일과 예수께서 떡을 떼심으로 자기들에게 알려지신 것을 말하더라(누가복음Luke 24:30~35)

갈릴리의 추억

한 밤이 깊을 수록 갈릴리는 내 맘을 설레게한다.
날이 밝아오기 전, 갈릴리를 가슴 깊이 새기려
낮은 언덕으로 올라가 새벽을 기다린다.
물가의 가로등도 새벽을 기다리나 보다.
동편이 점차 붉게 물들기 시작한 내 맘의 갈릴리.
예수께서 친히 걸으셨던 갈릴리의 물결이 눈앞에 반짝인다.
거기서 고기잡던 베드로를 만나셨고,
돼지 떼가 갈릴리를 흔들어 놓았고,
풍랑 일어 요동칠 때 잠잠케 하셨던 갈릴리.
그 갈릴리에서 주님의 음성이 들려온다.

70 · 갈릴리의 새벽

제자들을 찾아 갈릴리에 오신 예수님

시몬 베드로가 나는 물고기 잡으러 가노라 하매 저희가 우리도 함께 가겠다 하고 나가서 배에 올랐으나 이 밤에 아무 것도 잡지 못하였더니 날이 새어갈 때에 예수께서 바닷가에 서셨으나 제자들이 예수신줄 알지 못하는지라 예수께서 이르시되 얘들아 너희에게 고기가 있느냐 대답하되 없나이다 가라사대 그물을 배 오른편에 던지라 그리하면 얻으리라 하신대 이에 던졌더니 고기가 많아 그물을 들 수 없더라 예수의 사랑하시는 그 제자가 베드로에게 이르되 주시라 하니 시몬 베드로가 벗고

있다가 주라 하는 말을 듣고 겉옷을 두른 후에 바다로 뛰어 내리더라 다른 제자들은 육지에서 상거가 불과 한 오십 간쯤 되므로 작은 배를 타고 고기든 그물을 끌고 와서 육지에 올라보니 숯불이 있는데 그 위에 생선이 놓였고 떡도 있더라 예수께서 가라사대 지금 잡은 생선을 좀 가져오라 하신대 시몬 베드로가 올라가서 그물을 육지에 끌어 올리니 가득히 찬 큰 고기가 일백 쉰 세 마리라 이같이 많으나 그물이 찢어지지 아니하였더라(요한복음John 21:3~11)

71 · 승천교회

저희가 모였을 때에 예수께 묻자와 가로되 주께서 이스라엘 나라를 회복하심이 이 때니이까 하니 가라사대 때와 기한은 아버지께서 자기의 권한에 두셨으니 너희의 알바 아니요 오직 성령이 너희에게 임하시면 너희가 권능을 받고 예루살렘과 온 유대와 사마리아와 땅끝까지 이르러 내 증인이 되리라 하시니라 이 말씀을 마치시고 저희 보는데서 올리워 가시니 구름이 저를 가리워 보이지 않게 하더라 올라가실 때에 제자들이 자세히 하늘을 쳐다 보고 있는데 흰옷 입은 두 사람이 저희 곁에 서서 가로되 갈릴리 사람들아 어찌하여 서서 하늘을 쳐다 보느냐 너희 가운데서 하늘로 올리우신 이 예수는 하늘로 가심을 본 그대로 오시리라 하였느니라
(사도행전Acts 1:6~11)

감람산 정상에 있는 승천교회는 비잔틴 시대의 귀족 포이에니아Poimenia가 지어 봉헌했다. 그 후 페르시아의 침공으로 파괴 되었고AD.614 AD.676년에 다시 건축하였으나 1009년 이집트의 칼리프 하킴에 의해 또 다시 파괴 당했다.

1152년, 십자군이 들어와 팔각형 모양의 교회를 다시 지었으나 1198년 무슬림들이 교회 천정 상부를 뜯어내고 이슬람 양식의 돌을 쌓아 이슬람 사원으로 개조하였다. 그래서 지금은 승천 돔이라고 부르고 있다.

이 건물 내부 바닥에는 예수님께서 승천 하실 때 남기셨다는 발자국이 있다.

예수님의 마지막 지상명령

예수께서 나아와 일러 가라사대 하늘과 땅의 모든 권세를 내게 주셨으니 그러므로 너희는 가서 모든 족속으로 제자를 삼아 아버지와 아들과 성령의 이름으로 세례를 주고 내가 너희에게 분부한 모든 것을 가르쳐 지키게 하라 볼찌어다 내가 세상 끝날까지 너희와 항상 함께 있으리라 하시니라(마태복음Matt 28:18~20)

72 · 예루살렘 황금문(미문)

예언과 기적의 문

여호와께서 내게 이르시되 이 문은 닫고 다시 열지 못할찌니 아무 사람도 그리로 들어 오지 못할 것은 이스라엘 하나님 나 여호와가 그리로 들어 왔음이라 그러므로 닫아 둘찌니라 왕은 왕인 까닭

에 안 길로 이 문 현관으로 들어와서 거기 앉아서 나 여호와 앞에서 음식을 먹고 그 길로 나갈 것이니라(에스겔Ezek 44:2~3)

베드로가 가로되 은과 금은 내게 없거니와 내게 있는 것으로 네게 주노니 곧 나사렛 예수 그리스도의 이름으로 걸으라 하고 오른손을 잡아 일으키니 발과 발목이 곧 힘을 얻고 뛰어 서서 걸으며 그들과 함께 성전으로 들어 가면서 걷기도 하고 뛰기도 하며 하나님을 찬미하니(사도행전Acts 3:6~8)

73 · 스데반 문

저희가 이말을 듣고 마음에 찔려 저를 향하여 이를 갈거늘 스데반이 성령이 충만하여 하늘을 우러러 주목하여 하나님의 영광과 및 예수께서 하나님 우편에 서신 것을 보고 말하되 보라 하늘이 열리고 인자가 하나님 우편에 서신 것을 보노라 한대 저희가 큰 소리를 지르며 귀를 막고 일심으로 그에게 달려들어 성 밖에 내치고 돌로 칠쌔 증인들이 옷을 벗어 사울이라 하는 청년의 발앞에 두니라 저희가 돌로 스데반을 치니 스데반이 부르짖어 가로되 주 예수여 내 영혼을 받으시옵소서 하고 무릎을 꿇고 크게 불러 가로되 주여 이 죄를 저들에게 돌리지 마옵소서 이 말을 하고 자니라

(사도행전Acts 7:54~60)

POLICE

74 • 다메섹 문

이방을 향한 전도의 문

사울이 행하여 다메섹에 가까이 가더니 홀연히 하늘로서 빛이 저를 둘러 비추는지라 땅에 엎드러져 들으매 소리 있어 가라사대 사울아 사울아 네가 어찌하여 나를 핍박하느냐 하시거늘 대답하되 주여 뉘시오니이까 가라사대 나는 네가 핍박하는 예수라 네가 일어나 성으로 들어가라 행할 것을 네게 이를 자가 있느니라 하시니(사도행전Acts 9:3~6)

75 · 통곡의 벽

예수께서 성전에서 나와서 가실 때에 제자들이 성전 건물들을 가리켜 보이려고 나아오니 대답하여 가라사대 너희가 이 모든 것을 보지 못하느냐 내가 진실로 너희에게 이르노니 돌 하나도 돌 위에 남지 않고 다 무너뜨리우리라(마태복음Matt 24:1~2)

다윗 왕에 의해 세워진 예루살렘성은 외세의 침략에 의해 무너지고 다시 세우기를 반복하였다. 헤롯은 예루살렘에 궁을 짓고 유대인의 환심을 사려했으나 AD 70년 로마의 타이

터스에 의해 예루살렘 성전과 헤롯 궁이 철저히 파괴 되었다. 예수님의 예언 이후 40년 만에 이루러진 일이다. 그때 예루살렘 성전이 있던 그 자리 서쪽 벽만 남아있는 것이 통곡의 벽이다. 통곡의 벽에 들어가는 것은 남녀가 구분되어 있다.

빌라도가 아무 효험도 없이 도리어 민란이 나려는 것을 보고 물을 가져다가 무리 앞에서 손을 씻으며 가로되 이 사람의 피에 대하여 나는 무죄하니 너희가 당하라 백성이 다 대답하여 가로되 그

통곡의 벽 앞 광장

피를 우리와 우리 자손에게 돌릴찌어다 하거늘 이에 바라바는 저희에게 놓아주고 예수는 채찍질하고 십자가에 못 박히게 넘겨주니라(마태복음Matt 27:24~26)

76 • 가이사랴 Caesarea

이방인 고넬료에게 세례를 베푼 베드로

가이사랴에 고넬료라 하는 사람이 있으니 이달리야대라 하는 군대의 백부장이라(사도행전Acts 10:1)

베드로가 이 말 할때에 성령이 말씀 듣는 모든 사람에게 내려오시니 베드로와 함께 온 할례 받은 신자들이 이방인들에게도 성령 부어 주심을 인하여 놀라니 이는 방언을 말하며 하나님 높임을 들음이러라 이에 베드로가 가로되 이 사람들이 우리와 같이 성령을 받았으니 누가 능히 물로 세례 줌을 금하리요 하고 명하여 예수 그리스도의 이름으로 세례를 주라 하니라 저희가 베드로에게 수일 더 유하기를 청하니라(사도행전Acts 10:44~48)

77 · 무깃도 Tel Megiddo

또 내가 보매 개구리 같은 세 더러운 영이 용의 입과 짐승의 입과 거짓 선지자의 입에서 나오니 저희는 귀신의 영이라 이적을 행하여 온 천하 임금들에게 가서 하나님 곧 전능하신이의 큰 날에 전쟁을 위하여 그들을 모으더라 보라 내가 도적 같이 오리니 누구든지 깨어 자기 옷을 지켜 벌거벗고 다니지 아니하며 자기의 부끄러움을 보이지 아니하는 자가 복이 있도다 세 영이 히브리 음으로 아마겟돈이라 하는 곳으로 왕들을 모으더라(요한계시록Rev 16:13～16)

성경에는 아마겟돈이라 기록한 무깃도는 높지 않은지상 50m 언덕을 말한다. 이곳 역시 애굽에서 다메섹으로 가는 전략적 요충지였기에 수많은 전쟁을 치러야만 했다. 솔로몬왕은 이곳의 지하에 수로를 뚫어 수장고를 만들었고 성벽을 쌓아 군사적 요새로 축성했다. B.C.924년 르호보암왕 시대에 애굽 왕 시삭이 올라와서 예루살렘을 치고 여호와의 모든 보물과 왕궁의 보물을 몰수히 빼앗고 또 솔로몬이 만든 금방패를 다 빼앗았다는 기록이 성경에 있다. 당시 유다와 애굽과의 싸움에 관한 비문이 무깃도 언덕에서 발견되므로 무깃도 역시 시삭에 의해 파괴되었을 것이라 보고 있다. 이곳을 점령한 애굽이 더욱 강성한 요새로 복구하였으나 아랍인의 침공으로 또다시 파괴되었다. 지금은 솔로몬의 마병장과 군수 식량창고, 그리고 지하수로 등을 발굴하였다.

78 • 이즈르엘 평야 Jezreel

갈릴리지역의 중심인 나사렛과 가나 그리고 무깃도 사이에 펼쳐진 이즈르엘 평야는 동쪽 벳산에서 서쪽 해안 평야까지 이어진다. 비록 계곡 평야라 하지만 엔돌 골짜기에 있는 하롯샘 물이 계속 흘러 골짜기 들판은 매우 비옥했다. 또한 애굽에서 다메섹으로 가는 길목이며 벳산을 지나 바벨론으로 가는 요지였기에 이 땅을 차지하기 위한 전쟁이 그치지 않았다.

> 그 날에 기드온을 여룹바알이라 하였으니 이는 그가 바알의 단을 훼파하였은즉 바알이 더불어 쟁론할 것이라 함이었더라 때에 미디안 사람과 아말렉 사람과 동방 사람들이 다 모여 요단을 건너와서 이스르엘 골짜기에 진을 친지라 여호와의 신이 기드온에게 강림하시니 기드온이 나팔을 불매 아비에셀 족속이 다 모여서 그를 좇고 기드온이 또 사자를 온 므낫세에 두루 보내매 그들도 모여서 그를 좇고 또 사자를 아셀과 스불론과 납달리에 보내매 그 무리도 올라와서 그를 영접하더라
> (사사기Judg 6:32~35)

이스라엘 자손이 또 여호와의 목전에 악을 행함으로 여호와께서 7년 동안 그들을 미디안의 손에 붙이셨다. 하지만 그들이 여호와께 부르짖음으로 요아스의 아들 기드온을 택하사 애굽 사람의 손과 학대하는 자들의 모든 손에서 구원하셨다. 기드온이 미디안을 칠 때에 기드온을 따르는 백성들은 삼만 이천 명이었지만 하나님의 명령으로 삼백 명을 제외한 모든 백성들을 집으로 돌려보내고 삼백 명으로 미디안을 쳐서 파하였다.

기드온과 그들을 좇은 일백명이 이경 초에 진 가에 이른즉 번병의 체번할 때라 나팔을 불며 손에 가졌던 항아리를 부수니라 세 대가 나팔을 불며 항아리를 부수고 좌수에 횃불을 들고 우수에 나팔을 들어 불며 외쳐 가로되 여호와와 기드온의 칼이여 하고 각기 당처에 서서 그 진을 사면으로 에워싸매 그 온 적군이 달음질하고 부르짖으며 도망하였는데 삼백명이 나팔을 불 때에 여호와께서 그 온 적군으로 동무끼리 칼날로 치게 하시므로 적군이 도망하여 스레라의 벧 싯다에 이르고 또 답밧에 가까운 아벨므홀라의 경계에 이르렀으며 이스라엘 사람들은 납달리와 아셀과 므낫세에서부터 모여서 미디안 사람을 쫓았더라

기드온이 사자를 보내어 에브라임 온 산지로 두루 행하게 하여 이르기를 내려와서 미디안 사람을 치고 그들을 앞질러 벧 바라와 요단에 이르기까지 나루턱을 취하라 하매 이에 에브라임 사람들이 다 모여서 벧 바라와 요단에 이르기까지 그 나루턱을 취하고 또 미디안 두 방백 오렙과 스엡을 사로잡아 오렙은 오렙 바위에서 죽이고 스엡은 스엡 포도주 틀에서 죽이고 미디안 사람을 추격하고 오렙과 스엡의 머리를 가지고 요단 저편에서 기드온에게로 나아오니라(사사기Judg 7:19~25)

79 • 쿰란 Qumran

성경 사본이 발견된 유적지

지난 1947년 예루살렘에서 불과 한 시간 거리에 있는 쿰란 지역에서 양치기 소년이 잃어버린 양을 찾기 위해 어느 동굴에 들어가 양을 찾으려 돌을 던졌는데 그릇 깨어지는 소리가 나서 가까이 다가갔다. 그때 깨어진 항아리 속에 알 수 없는 두루마기가 있어 들고 나왔다.
그 두루마리가 성경 말씀 이사야서였다고 한다. 훗날 역사가들은 B.C. 7세기경 이 지역에서 사람들이 살았던 흔적을 찾았고, B.C. 130년경 예루살렘을 지키려는 유대인들의 요새가 쿰란에

사해 사본이 발견된 쿰란 동굴 유적

있었다고 한다. 전승에 따르면 로마 군대가 예루살렘을 공격하자 열심당원과 엣세네파의 유대인들이 막강한 로마 군대에 저항했으나 열세에 밀려 천연 요새인 쿰란으로 퇴각할 수밖에 없었다. 그러나 피란 중에도 성경을 필사하는 믿음을 지켜 왔다. 필사된 두루마리를 보관하기 위해 항아리 속에 숨겨두었을 것이라고 본다. 그 때문에 쿰란 유적은 순례자들이 반드시 찾는 이스라엘의 명소가 되었다.

80 • 사해 Dead Sea

요르단과 이스라엘이 함께 공유하고 있는 사해는 지중해보다 395m 낮으며 염도는 바닷물보다 4배 이상 높다. 그러기에 어떤 물고기도 살 수 없다. 그리고 사람이 깊은 물 가운데 들어가 넘어지더라도 빠지지 않고 물에 둥둥 뜬다. 그런 연유로 이 호수를 죽은 바다 곧 사해라 했는가 보다.

사해의 면적은 810~1020km^2 이고 깊이는 평균 118m이다. 길이가 남북으로는 80km, 동서로는 15km 정도이다. 동쪽 느보산과 서쪽 메마른 유대 광야 사이의 함몰 지구에 물이 모여진 것으로 물이 남쪽 바다로 흐르지 않고 있는 담수이다.

이는 아라비아 사막과 유대 광야 사이의 지면이 사해의 수면 보다 높기 때문이다. 요르단의 아르논강 역시 사해로 흘러들지만 더 이상 흐를 수 없다. 그리고 유대 광야의 뜨거운 햇살에 물이 말라 버릴 것 같지만 소돔과 고모라가 사해에 인접해 있어 그 골짜기에서 흐르는 물 때문에 염도가 유지되고 있다.

사해 연안에 쿰란, 엔게디, 마사다 같은 유적지가 있어 찾는 순례객들이 많다. 이전에는 죽은 바다라 불리었지만 지금은 풍부한 광물질로 인해 사랑받고 있다.

81 · 마사다 Masada

유대인의 정신문화 교육장

이스라엘 남쪽, 사해 인근의 사막에 솟아 있는 거대한 바위산 위에 자리 잡은 요새이다. AD. 67년 로마의 베스파시아누스는 갈릴리 전 지역을 장악하고 개선하여 로마의 새

로운 황제가 되었다. 대신 그의 후계자 타이터스 장군을 예루살렘으로 파병하여 예루살렘을 불사르고 헤롯 궁과 성전마저 허물어 버렸다. 불타는 예루살렘을 뒤로 하고 퇴각한 열심당원(셀롯인)들은 쿰란에서 또다시 마사다로 밀려났다. 반면 유대 총독 실바는 로마 보병 제10군단을 이끌고 마사다를 공격했으나 죽음을 각오한 저항군들의 반격도 만만치 않았다. 일찌기 헤롯이(B.C.37년) 외침에 대비하여 천연 요새로 축성하였기 때문에 로마군의 공격이 쉽지 않았다. 그러나 로마군은 반역의 뿌리를 완전히 섬멸하기 위해 포기하지 않고 이 요새를 정복하기 위해 8개의 공격 진지를 만들어 지속해서 공격했다. 결국 이 공방전은 무려 3년이나 계속되었다.

마사다

결사 각오로 지킨 유대인의 자존심

침략자 실바는 새로운 전략으로, 사로잡힌 유대인 노예 6천 명을 동원하여 요새로 올라가는 언덕길을 만들어 공격하였다. AD 73년 4월 16일 마사다 함락이 눈앞에 이르자, 저항군의 수장 엘리잘 벤 야이르Elazar Ben Yair는 비감과 비통에 젖은 목소리로 적의 포로가 되어 노예가 되는 것보다 차라리 자결하자고 격려했다. 그 소리를 듣고 남녀 아이들을 합하여 960명이나 되었던 저항군은 그 어떤 반대도 없이 수장의 주장에 동의 했다. 그들은 즉시 열 명을 한 그룹으로 나누고 그중 한 명을 제비뽑아 아홉의 목을 자르기로 했다. 그러기를 얼마나 했을까?
마침내 마지막 한 사람이 요새를 불태우고 자신마저도 자결했다. 마침내 로마군이 요새에 닥쳤을 때 요새는 이미 불탔고 남은 것은 아무것도 없었다. 점령에 성공한 로마군이 요새 구석구석을 수색하던 중, 어느 깊은 굴속에 여자 두 명과 다섯 명의 아이가 숨어있는 것과, 아직도 곡식이 남아 있는 군수 창고, 식용수가 넉넉히 남아 있는 저수고도 발견했다. 그러자 병사들은 이들을 죽

마사다 요새

이는 것보다 차라리 로마로 보내어 마사다 비극의 최후를 증거케 했다. 그로 인해 이 일이 세상에 알려졌다고 한다. 유대 전쟁의 역사가 요세프스Josephus AD37-100의 기록이다.
지난 1963년, 히브리 고고학자 이가엘 야딘Yigalel Yadin은 마사다 유적을 탐사하던 중 참수된 유골과 머리카락을 찾았다고 역사학계에 보고했다. 그 후 2001년 유네스코는 마사다를 세계 문화유산으로 등재 했으며, 유대인의 자존심은 죽음으로도 누를 수 없었다고 기록했다. 그러기에 이스라엘 정부는 바벨론과 앗수르, 애굽과 로마의 침공을 당하고도 나라를 지킨 것이 바로 유대인의 자존심이며 이는 아브라함의 믿음과 다윗의 용기에 있었다고 말한다. 그래서 군 입대를 앞둔 남녀 청년들이나, 각처에 흩어진 유대인들이 그들의 조국 이스라엘을 방문하면, 외적으로부터 예루살렘을 지켰던 조상들의 애국심을 회상케 하는 역사 문화 교육을 이곳 마사다에서 받는 것을 우선한다. 다시 말해, 조상들이 당한 희생과 수치를 또 다시 당하지 말자는 유대인의 정신 교육이다.
그런데 왜 유대인은 예수 그리스도와 십자가를 외면하고 있는가?

압비오 거리

4부

순교의 길

82 · 로마 Rome 복음의 징검다리

베드로와 바울은 왜 로마로 가야만 했을까!

지중해를 장악한 로마제국의 관원들과 백성들이 사치와 탐욕 그리고 향락과 쾌락을 즐기고 있을 때, 복음이 로마에 스며들었다. 그로 인해 로마인들의 삶이 새롭게 변화되자, 관원들은 그 원인을 알아내고 그것을 제거하기 위한 핍박이 시작되었다. 그러자 대책 없는 성도들은 관원들의 눈을 피해 지하 카타콤으로 숨거나 더러는 관원들에게 체포되어 로마인들의 즐길 거리로 희생되었다.

그 소식을 들은 베드로가 복음의 형제들을 위로하고 격려하기 위해 로마로 갔다. 그러나 베드로 사도 역시 관원들에게 체포되어 거꾸로 된 십자가에 순교했다. 그리스도인들을 핍박하다가 다메섹 도상에서 예수님을 만나 회심한 후에 이방인의 사도가 된 사도 바울 역시 복음을 전하다가 예루살렘에서 체포 구금되어 재판을 기다리는 중에 로마 시민이라는 특권을 이용하여 로마에서 재판 받기로 하고 로마로 입성했다. 재판 후, 그에게는 민가의 독방 감옥에 갇히는 혜택을 받았다. 그때 죄수 바울은 각처에 있는 예수님의 형제들에게 무슨 어려움이 있을지라도 이 생명의 복음을 지키고 전해야 한다는 안부와 격려의 글을 기록한다. 베드로 사도와 바울 사도를 비롯한 수많은 성도들의 순교의 열매로 복음은 로마를 통해 유럽으로, 전 세계로 전해졌다.

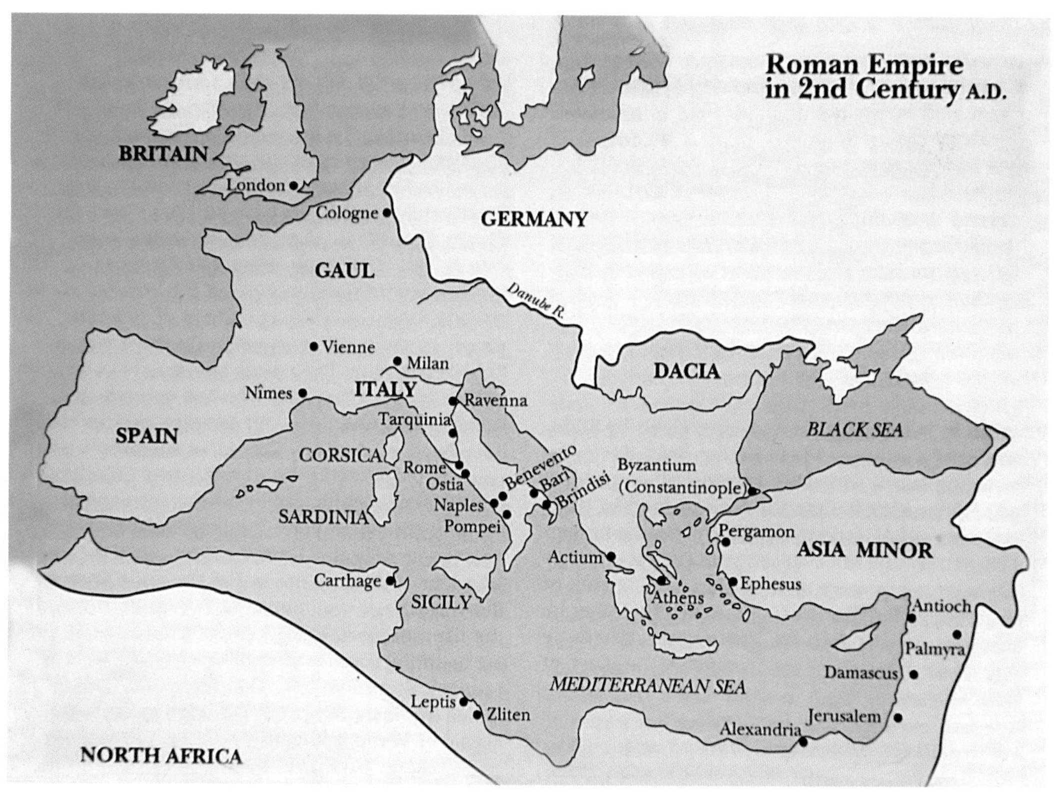

83 · 보디올 Puteole

이방인을 위해 택함 받은 사도 바울

주께서 가라사대 가라 이 사람은 내 이름을 이방인과 임금들과 이스라엘 자손들 앞에 전하기 위하여 택한 나의 그릇이라 그가 내 이름을 위하여 해를 얼마나 받아야 할 것을 내가 그에게 보이리라 하시니(사도행전Acts 9:15~16)

보디올 항구

보디올 바울 도착 기념교회

로마로 가는 바울

석달 후에 그 섬(멜리데)에서 과동한 알렉산드리아 배를 우리가 타고 떠나니 그 배 기호는 디오스 구로라 수라구사에 대고 사흘을 있다가거기서 둘러가서 레기온에 이르러 하루를 지난 후 남풍이 일어나므로 이튿날 보디올에 이르러 거기서 형제를 만나 저희의 청함을 받아 이레를 함께 유하다가 로마로 가니라(사도행전Acts 28:11~14)

사도 바울이 죄인의 신분이 되어 로마로 가는 길에 배가 파선되어 멜리데 섬에서 3개월을 유하며 병든 자를 치료하고 복음을 전했다. 바울이 그 섬에 유력한 사람인 보블리오의 부친을 안수하여 낫게 한 연고로 함께 한 276명 모두 토인들의 도움으로 평안히 지내다가 마침내 다시 로마로 가기 위해 알렉산드리아 배를 타고 도착한 곳이 바로 보디올이다. 이곳에서 바울은 믿음의 형제들을 만나 이레를 유하다가 로마가 간다.

84 • 압비오 Appla

거기 형제들이 우리 소식을 듣고 압비오 저자와 삼관까지 맞으러 오니 바울이 저희를 보고 하나님께 사례하고 담대한 마음을 얻으니라(사도행전Acts 28:15)

로마인의 고도 압비오 길은 로마가 지중해의 패권을 다투던 시절 로마인들이 지중해로 출입하는 전략적 주요 도로였다. 보디올에서 로마까지 직선으로는 300km 정도 된다. 전쟁에서 이기고 귀성하는 군인이거나 기타 행인들이 잠시 머물 수 있는 객관들이 압비오 길목 곳곳에 있었다.

그때 로마에 있는 형제들이 사도바울이 로마로 압송된다는 소식을 듣고 압비오 길을 걸어 맞이했다. 이 길목에는 로마인들의 박해를 피한 성도들이 숨어 지낸 지하 묘지 카타콤Catacombe도 바로 그 도상에 있다.

압비오 거리의 카타콤

〈쿼바디스〉는 폴란드의 작가 셩키에비치의 장편소설이다. 사도 베드로가 폭군 네로 황제의 핍박을 피해 로마에서 도피 중 로마를 향해 가시는 예수님의 환영을 보고 "주여, 어디로 가시나이까?" 하며 죽음이 기다리는 로마로 다시 들어갔다는 내용이다. 이 작품은 1905년 노벨 평화상을 받았고 그 후 영화로도 만들어져 세계인의 가슴을 울렸다.

시몬 베드로가 가로되 주여 어디로 가시나이까 예수께서 대답하시되 나의 가는 곳에 네가 지금은 따라 올 수 없으나 후에는 따라 오리라 베드로가 가로되 주여 내가 지금은 어찌하여 따를 수 없나이까 주를 위하여 내 목숨을 버리겠나이다(요한복음John 13:36~37)

압비오 거리-로마로 가는 길

콘스탄티누스 황제가 밀라노 칙령에 따라 기독교를 로마인의 한 종교로 공인하기까지 313년 동안 숨어 지냈던 지하 카타콤이 있는 압비아 거리. 그 거리에는 죽은 자의 장례를 위한, 폐허가 된 예배당과 공동묘지가 있어 순례객들의 발걸음을 잠시 멈추게 한다.

C.IX
VIA
APPIA ANTICA

85 · 로마의 관문 아우렐리우스 M Aurelius Antoninus 성채와 성벽

구원의 소식을 로마로

이 백성들의 마음이 완악하여져서 그 귀로는 둔하게 듣고 그 눈을 감았으니 이는 눈으로 보고 귀로 듣고 마음으로 깨달아 돌아와 나의 고침을 받을까 함이라 하였으니 그런즉 하나님의 이 구원을 이방인에게로 보내신줄 알라 저희는 또한 들으리라 하더라(사도행전Acts 28:27~28)

로마를 지키고 보호했던 옛 성벽을 제국의 제16대 황제인 아우렐리우스AD. 161~180가 보수, 증축하여 자기 이름을 붙여 아우렐리우스 성벽이라 했다. 그때 로마는 게르만족과 마르코바니 등 이방족의 침략이 거듭되자 성채를 더욱 견고하게 보강해야 했다. 그 이전 바울 사도와 그 일행도

이 옛 성문을 지나 입성했다. 이후 세월 따라 로마를 품었던 인고의 흔적들이 성벽에 새겨져 풍요롭고 화려했던 로마 제국의 역사를 생각나게 한다.

86 • 가이사 아구스도 Augustus Forum광장

이때에 가이사 아구스도가 영을 내려 천하로 다 호적하라 하였으니 이 호적은 구레뇨가 수리아 총독 되었을 때에 첫번 한 것이라 모든 사람이 호적하러 각각 고향으로 돌아가매 요셉도 다윗의 집 족속인 고로 갈릴리 나사렛 동네에서 유대를 향하여 베들레헴이라 하는 다윗의 동네로 그 정혼한 마리아와 함께 호적하러 올라가니 마리아가 이미 잉태되었더라(누가복음Luke 2:1~5)

87 · 가이사 아구스도 관저

가이사에게 가는 바울

바울이 가로되 내가 가이사의 재판 자리 앞에 섰으니 마땅히 거기서 심문을 받을 것이라 당신도 잘 아시는 바에 내가 유대인들에게 불의를 행한 일이 없나이다 만일 내가 불의를 행하여 무슨 사죄를 범하였으면 죽기를 사양치 아니할 것이나 만일 이 사람들의 나를 송사하는 것이 다 사실이 아니면 누구든지 나를 그들에게 내어 줄수 없삽나이다 내가 가이사께 호소하노라 한대 베스도가 배석자들과 상의하고 가로되 네가 가이사에게 호소하였으니 가이사에게 갈 것이라 하니라(사도행전Acts 25:10~12)

MORANDI

88 · 팔라티노

교황과 귀족들의 주거지

팔라티노 언덕은 로마의 시조인 로물루스와 레무스가 테베레 강에 떠내려 와 정착한 곳이라고 알려져 있다. 때로는 요새로 사용하기도 했으나 주로 귀족들의 주거지로 사용되었다. 화려했던 예전 건축물들은 모두 새로운 건축물들의 재료로 사용되고 지금은 그 터만 남아있다.

89 · 포로 로마노

아폴로 신전

GIORGIO
EXPO

SAMSUNG Galaxy S6 edge
NEXT IS NOW
www.samsung.it
urban VISION
Questa pubblicità contribuisce
al restauro architettonico
della Chiesa di Santa Maria di

90 · 산타마리아 디 로레토 성당

91 · 이탈리아 통일 기념관
비토리오 에마누엘레 2세 기념관

바울이 온 이태를 자기 셋집에 유하며 자기에게 오는 사람을 다 영접하고 담대히 하나님 나라를 전파하며 주 예수 그리스도께 관한 것을 가르치되 금하는 사람이 없었더라(사도행전Acts 28:30~31)

로마는 BC. 753년 테베레 강 동쪽 언덕 위에 로물루스와 레무스 형제가 세웠다는 전승이 있다.

서양 문명을 대표하는 도시이며 로마 제국의 수도였고 로마 가톨릭 교회의 중심지인 로마는 지금은 이탈리아의 수도로 자리 잡고 있다.

사도 바울은 로마에 와서 연금된 상태로 복음을 전하며 옥중서신을 통하여 교회들을 격려하였다.

92 · 산타 마리아 델리 안젤리 에 데이 마르티리 성당
/천사와 순교자의 성모 성당

93 • 바티칸 시국 Vatican City

지중해를 장악했던 로마 제국은 야만족과 이방 민족의 침탈이 거듭되자 퇴락하여 쇠퇴하기 시작했다. 그러나 황제 콘스탄티누스의 밀라노 칙령으로 교회가 빛을 보자 로마는 다시 힘을 얻었고 세월이 흐르며 교황의 권력은 점점 커졌다.

AD. 1447년 교황 니콜라스 5세는 도시를 재건하기 위하여 우선 산타마리아 마조레 대성당을

수리하였으며 교황 식스토는 시스티나 성당을 지어1473~1481 로마에 교황궁과 교황청을 하나의 작은 국가로 만들었다. 이렇게 만들어진 바티칸 시국은 세계에서 가장 작은 독립국으로 0.44Km의 면적에 인구는 850여 명밖에 되지 않는다. 그러나 바티칸 미술관과 성 베드로 대성당 그리고 시스티나 성당이 있어 11억이 넘는 가톨릭 신자들의 신앙적 마음의 고향이다. 그래서 이곳을 찾는 순례객과 여행객이 매년 400만 명이 넘는다고 한다.

FIDES

성 베드로 성당과 바티칸 박물관 유물들

사도 베드로의 무덤과 피에타

ALEXANDER SEPT · P · M · S · ANDREAE APOSTOLO AN · SALVTIS MDCLXV
ACOS
사도 안드레 기념교회

94 • 콜로세움 광장

AD. 72년 베스파니아누스 황제가 건설하기 시작한 원형 경기장은 그의 아들 타이투스가 예루살렘을 정복하고 로마로 돌아와서 황제가 된 후 AD. 80년에 완공하였다. 콜로세움은 원래 이름

이 플라비우스 원형 경기장으로 지하의 맹수 우리와 지상 4층 높이에 둘레는 527m이고 좁은 폭은 156m인 원형경기장이다. 지금은 한 해에 수백만 명의 관광객을 끌어모으는 로마의 대표적인 관광 명소로 잘 알려져 있다.

95 · 콜로세움 Colosseo/Colosseum

AD 64년에 로마에 매우 큰 화재가 발생하여 14개 행정 구역 중에 10개가 소실되는 피해를 보았다. 당시 로마에는, 네로 황제가 예술과 향락에 빠져 시적 감흥이 떠오르지 않아 방화했다는 소문이 돌아 민심이 흉흉했다. 그러자 네로 황제는 방화의 책임을 기독교인에게 돌리고 무자비

한 탄압이 시작되었다. 콜로세움이 건축된 후 로마의 시민들과 황제들은 맹수들에게 죽임을 당하는 초대교회 성도들을 보며 즐겼다. 초대교회 성도들은 시민권이 박탈되고 온갖 잔인한 형벌을 받고 유리하며 암굴과 토굴에서 살았지만, 이런 가혹한 핍박 속에서도 죽음을 두려워하지 않고 신앙을 저버리지 않았다. 이런 순교의 피 위에 복음이 전파되고 마침내 AD. 313년 콘스탄티누스 황제가 기독교를 로마의 종교로 인정하였다.

그가 찔림은 우리의 허물을 인함이요 그가 상함은 우리의 죄악을 인함이라 그가 징계를 받음으로 우리가 평화를 누리고 그가 채찍에 맞음으로 우리가 나음을 입었도다(이사야 Is 53:5)

콜로세움 야경

96 • 타이터스 개선문 Arch of Titus

예루살렘 멸망에 대한 예언

예수께서 성전에서 나가실 때에 제자 중 하나가 가로되 선생님이여 보소서 이 돌들이 어떠하며 이 건물들이 어떠하니이까 예수께서 이르시되 네가 이 큰 건물들을 보느냐 돌 하나도 돌 위에 남지 않고 다 무너뜨려지리라 하시니라(마가복음Mark 13:1~2)

예루살렘 점령을 기념하는 타이터스 개선문

너희가 예루살렘이 군대들에게 에워싸이는 것을 보거든 그 멸망이 가까운 줄을 알라 그 때에 유대에 있는 자들은 산으로 도망할찌며 성내에 있는 자들은 나갈찌며 촌에 있는 자들은 그리로 들어가지 말찌어다 이 날들은 기록된 모든 것을 이루는 형벌의 날이니라 그 날에는 아이 밴 자들과 젖먹이는 자들에게 화가 있으리니 이는 땅에 큰 환난과 이 백성에게 진노가 있겠음이로다 저희가 칼날에 죽임을 당하며 모든 이방에 사로잡혀 가겠고 예루살렘은 이방인의 때가 차기까지 이방인들에게 밟히리라(누가복음Luke 21:20~24)

예수님을 십자가에 못 박아 죽인지 한 세기도 지나지 않은 AD. 70년 예루살렘에서 로마에 대한 반발이 거듭되고 예루살렘이 유대인들의 손에 들어가자, 베스파시아누스 황제의 아들 타이터스가 총사령관이 되어 로마의 특수군단 제8 기병대를 이끌고 예루살렘을 침공하여 성안의 유대인들을 모두 죽이고 포로로 끌고 갔으며 성전과 모든 것들을 파괴하였다. 타이터스는 로마로 개선하여 미완성된 콜로세움을 완공하고 자신의 업적과 승리를 기념하여 콜로세움 건너편에 개선문을 세웠다.

97 • 콘스탄티누스 개선문 Arch of Constantine

기독교를 박해하던 쾌락의 도시 로마는 외세의 침입과 내전에 휩싸여 분열되었다. 312년 콘스탄티누스는 티베르 강의 밀비안/밀비우스 다리에서 막센티우스와 내전을 벌였다. 콘스탄티누스의 군세는 상대에 비해 열악하였으나 십자가를 전군과 함께 보고 결국 전투에서 승리하였다. 콜로세움 근처에 세워진 높이 21m, 넓이 25m의 개선문에는 전쟁에서 승리한 콘스탄티누스의 업적

을 표현한 부조상들이 새겨져 있고 원로원과 로마 시민이 콘스탄티누스 황제의 승리를 기념하기 위해 개선문을 세웠다는 기록이 새겨져 있다.

콘스탄티누스 황제는 기독교를 로마의 국교로 공인하고 325년에는 니케아 회의를 통하여 하나님과 예수그리스도와 성령님이 하나인 것을 공표하였다. 그때 결정된 선언문Nicaea Creed이 오늘날 성도들이 사도신경과 함께 널리 사용하는 신앙고백서가 되었다.

개선문과 콜로세움

믿는자의 신앙고백

우리가 살아도 주를 위하여 살고 죽어도 주를 위하여 죽나니 그러므로 사나 죽으나 우리가 주의 것이로라 이를 위하여 그리스도께서 죽었다가 다시 살으셨으니 곧 죽은 자와 산 자의 주가 되려 하심이니 (로마서Rom 14:8~9)

98 • 성 바울 바실리카 Basilica S. Paolo

달려갈 길을 마치고 믿음을 지켰으니

관제와 같이 벌써 내가 부음이 되고 나의 떠날 기약이 가까왔도다 내가 선한 싸움을 싸우고 나의 달려갈 길을 마치고 믿음을 지켰으니 이제 후로는 나를 위하여 의의 면류관이 예비되었으므로 주 곧 의로우신 재판장이 그 날에 내게 주실 것이니 내게만 아니라 주의 나타나심을 사모하는 모든 자에게니라(디모데후서2Tim 4:6~8)

성 바울 바실리카의 북쪽 문

성 바울 바실리카는 로마 4대 성전 중의 하나로 콘스탄티누스 황제의 어머니 헬레나 여사가 사도 바울이 순교하여 묻혔다고 전해지는 장소에 세웠다. 성당 출입구 후면 현관에는 콘스탄티누스 황제의 조각상이 여행객들을 맞이하고 있으며 처소 내부에는 12 사도의 조각상과 사도 바울의 지하 묘실이 있어 순례자의 눈길을 머물게 한다.

사도 바울의 지하묘실

이방인을 위해
주께서 택한 그릇 바울

주께서 가라사대 가라 이 사람은
내 이름을 이방인과 임금들과
이스라엘 자손들 앞에
전하기 위하여 택한
나의 그릇이라
그가 내 이름을 위하여
해를 얼마나 받아야 할 것을
내가 그에게 보이리라 하시니
(사도행전Acts 9:15~16)

순교자의 신앙

오직 성령이 각 성에서
내게 증거하여 결박과 환난이
나를 기다린다 하시나
나의 달려갈 길과
주 예수께 받은 사명
곧 하나님의 은혜의 복음
증거하는 일을 마치려 함에는
나의 생명을
조금도 귀한 것으로
여기지 아니하노라
(사도행전Acts 20:23~24)

바울 석상

예수님의 12제자

사도 바울 순교 기념교회에 있는 12사도 조각상

예수께서 그 열 두 제자를 부르사 더러운 귀신을 쫓아내며 모든 병과 모든 약한 것을 고치는 권능을 주시니라 열 두 사도의 이름은 이러하니 베드로라 하는 시몬을 비롯하여 그의 형제 안드레와 세베대의 아들 야고보와 그의 형제 요한,빌립과 바돌로매, 도마와 세리 마태, 알패오의 아들 야고보와 다대오, 가나안인 시몬과 및 가룟 유다 곧 예수를 판 자라(마태복음Matt 12:2~4)

성 바울 바실리카

기독교를 공인한 콘스탄티누스 황제의 뒤에는 경건한 신앙의 어머니 헬레나 여사가 있었다. 헬레나 여사는 콘스탄티누스가 기독교를 로마의 국교로 공인하는데 지대한 영향을 미쳤고 고령의 나이에도 성지순례를 하였다. 헬레나 여사의 성지 순례를 통해 이스라엘 땅에 교회 건물이 지어지기 시작했다.

콘스탄티누스 황제의 모후 헬레나 여사가 지은
바울기념교회와 나사렛 수태고지 교회
베들레헴 예수탄생 기념교회
이고니온 산골 기념교회

꿈꾸는 헬레나

99 • 베네치아 Venezia/Venice

마가복음의 저자인 마가Mark를 히브리 말로는 요한John이라 하고 라틴어로는 마르코라고 한다. 예수님께서 마지막 만찬을 잡수신 곳이 마가의 다락방이고 오순절 성령이 임한 곳도 마가의 다락방이라고 기록되어 있다.

바나바의 생질인 마가가 주님의 제자가 되어 바나바와 함께 구브로에 가서 복음을 전하다 바나바는 순교 당하고 바울의 요청으로 로마에 왔다. 마가가 베드로와 사도 바울이 로마에서 순교하자 알렉산드리아에서 복음을 전하다가 순교했다는 사실은 잘 알려진 전승이다. 그 기록은 산 마르코 광장에서 찾아볼 수 있다. 마가의 유골이 있다는 베네치아로 순례의 길을 이어갔다.

베네치아 기차역 앞 광장

베네치아 전경

배니치아의 상징 사자(마가)탑

너는 어서 속히 내게로 오라 데마는 이 세상을 사랑하여 나를 버리고 데살로니가로 갔고 그레스게는 갈라디아로, 디도는 달마디아로 갔고 누가만 나와 함께 있느니라 네가 올 때에 마가를 데리고 오라 그가 나의 일에 유익하니라(디모데후서2Tim 4:9~11)

샌 마르코스 바실리카 입구의 벽화-마가의 유해를 베니치아로!

마가의 유해가 안치된 마르코스 광장에 있는 샌 마르코스 바실리카

100 · 샌 마르코 바실리카

San Marco Basilica

알렉산드리아에 도착한 마가와 몇 사람의 동료가 예수께서 전한 복음과 기적을 행하고 있다는 소식이 알렉산드리아에 급속히 퍼져 나갔다. 그때 알렉산드리아 사람들은 금 송아지 곧 우신이나 의술의 신을 섬겼다.

어느 부활절에 우상을 섬기던 이교도들이 몰려와 마가를 끌어내어 밧줄에 묶어 끌고 다니다가 숨을 거두자, 그 시신마저 불태워 버리려고 장작더미에 불을 붙였다. 바로 그때, 폭풍이 불어와 불이 꺼져버린 것을 목격한 사람들은 즉시 물러가고 성도들이 그 시신을 거두어 그 자리에 묻었다는 기록이있다. 그리고 훗날 그 무덤 위에 마가를 기념한 예배 처소를 다시 지었다.

여러 세월이 지난 뒤에AD. 823 아랍인들이 들어와 그 교회당을 허물고 마가의 유해마저 불태우려 하자 베네치아 상인들이 그것을 보고 아랍인들에게서 마가의 유골을 샀다.

그러나 마가의 유골을 가져오는데 쉽지 않았다. 그래서 상인들은 항구에 있는 아랍 상인들의 눈을 피하기 위해 유골 상자 위에 돼지고기를 놓고 유골을 숨겨 무사히 베네치아로 가져올 수 있었다.

AD. 1094년 마가를 기념한 교회를 짓고 그 묘관을 교회 제단 앞 묘실에 안치하였다. 그래서 교회 앞 광장을 샌 마르코 광장이라고 한다. 이 광장은 베네치아의 중심이며 제일가는 관광지다. 그리고 날개 달린 사자상을 여러 곳에서 볼 수 있는 것은 베네치아와 마가를 상징하기 때문이다.

샌 마르코 바실리카 입구에는 베네치아 상인들이 마가의 유해를 베네치아로 옮긴 것을 그린 벽화가 그려져 있다.

CELLAM·MAXIMAM·VETVSTATE·FATISCENTEM·INGENTI·MOLITIONE·PRODVCENDAM
MVSIVVM·MVLTIS·IAM·ANTEA·PARTIBVS·INSTAVRATVM·AD·ANTIQVVM
NOVAM·ABSIDEM·OPERE·CVLTVQVE·MAGNIFICO·EXORNATAM·TRANSFERRI
ET·CONTIGNATIONE·REIECTIS·EXPOLIRI·IVSSIT·ANNO·CHR·MDCCCLXXXIV
BAPTISTA
PETRVS

마가의 유해가 안치되어 있는 묘실

SILENZIO
SILENCE
SILENCE
RUHE BITTE
CISZA
ТИХО
TESORO
PALA D'ORO
PERCORSO

에필로그 Epilogue

아름다운 동행의 끝자락에서

무궁화 근화 槿花. Rose of Sharon
그 꽃잎을 가슴에 묻고 56년

간밤에 봄비가 촉촉이 내리더니
수선화가 노란 꽃 봉오리를 슬며시 내밀고
보랏빛 로벨리아는 이슬에 젖는다

꽃이라면 그렇게도 좋아했던 당신
힘들고 지칠 때면 주님 주신 은혜라며
찬송하고 감사하자 하고 무릎 꿇었네

지난 봄날 꽃잔디 옮겨심고
같이 걷자 했던 그 약속,
흰 구름에 새겨놓고
맡겨진 사명 다 이루시고
천사 같은 아내는
주님품에 안기셨다.

· 예수께서 [illegible]

· 예수께서 [illegible]

· 예수께서 [illegible]

· 예수께서 [illegible]

이근화

순례 길 끝내고 천국문에서 다시 만나요.

그러므로 이르시기를
잠자는자여 깨어서
죽은자들 가운데서 일어나라
그리스도께서 네게 비취시리라 하셨느니라
에배소서 5장 : 24절

무궁화 정원1

NO
ROADIUM
PARKING
NEIGHBOR
PARKING ONLY

무궁화 정원 2

은혜의 강물따라

이백호 작사
이지영 작곡

subito p
해 저물고어둠오면 잠못이뤄 애를-쓰-나
바 람-비다지나고 새벽별만 초롱-한-데
subito p
poco a poco rit.
a tempo
주 의-말씀골몰하며 새힘얻어 일어서리 아-
반 짝-이는별을세며 주의얼굴 그려본다
poco a poco rit.
a tempo
몰아치듯이
poco a poco rit. et cresc
새날 아침 밝아 오-면 못박힌손 붙잡고서
poco a poco rit. et cresc

a tempo
subito p
mp
mf
a tempo
f
은 - 혜의-강물 따 라 십자가만 자랑하 - 리
a tempo
subito p
rit
a tempo
mf
f
은 - 혜의 - 강물따 라 십자가만 십 자 가
subito p
만 십자가 만 자랑하 - 리 - -
rit.
ff

Milet Miletos
Müze MUSEUM
바울의 길 나의 길
In St. Paul's Steps by Baick Ho Lee
나의 달려갈 길과 주예수께 받은 사명
"다메섹 가까이 이르자 홀연히 하늘로서 빛이 저를 비추는지라 땅에 엎드러져 들으니 소리 있어 가라사대 사울아 사울아 네가 어찌하여 나를 핍박하느냐"(행 9:3-4)
이 소리를 듣는 이 순간을 예수 부활을 친히 체험한 바울의 회심(거듭남)이라 고 한다. 이후 바울은 예수 그리스도의 지상 명령을 전하기 위하여 그가 가 진 모든 것을 분토처럼 버리고 오직 "나의 달려갈 길과 주 예수께 받은 사명 곧 하나님의 은혜의 복음 증거하는 일을 마치려 함에는 나의 생명을 조금도 귀한 것으로 여기지 아니하노라"(행 20:24)라고 고백하는 그 믿음의 뿌리를 수리아 안디옥 교회에 내리고, 교회는 그를 전도자로 파송하였다.
내가 교회사의 현장을 따라 순례한 곳은 2,000년의 장구한 세월이 지난 바 울의 길 곧 복음의 현장이다. 그 길을 순례하며, 사라져 가는 초대 교회의 흔 적을 확인하려고 안디옥에서부터 실루기아(Seleucia, 현/Samandag)로 내 려갔으나 첫 여행에서는 구브로(Cyprus)로 가는 뱃길이 없어 먼 바다만 보 고 돌아서게 되어 아쉬움이 그지 없었다. 이 후로 먼 길을 돌아 두 번이나 구 브로의 살라미와 바보(Paphos)를 찾았고, 먼 바다 멜리데(Malta)에 내려 분명한 바울의 흔적과 교회의 진실을 사진으로 담았다. 그러나 사울(바울) 의 회심 장소를 가보지 않고는 이 책을 완성할 수 없다는 생각에 다메섹을 방문함으로써 바울의 여정을 찾는 나의 순례를 마칠 수 있었다.
–프롤로그 중에서
In St. Paul's Steps by Baick Ho Lee
사도 바울이 복음 전파를 위해 목숨을 걸고 걸었던 그 길!
우리가 알아야 할 바울의 선교 현장!
사라져 가는 초대 교회의 흔적을 찾아 사진과 글로 담은 순례기
복음의 현장을 찾아서
글 · 사진 이백호
크리스찬서적

Old Rectory
St Andrew's Church
어느 때보다 개혁 정신이 필요한 한국교회의 현실입니다.
한국교회가 지금의 정체된 상태에서 벗어나 개혁의 깃발을
새롭게 올리려면 앞선 개혁자들을 통하여 배워야 합니다.
그런 점에서 이 책은 한국교회 개혁 운동의 교과서
가 될 수 있는 내용을 담고 있습니다.
–김진홍 목사 추천사...
개혁자의 도전과 열정을 찾는 순례의 길! 그 길에서 만난, 복음의 소식을 누구나 자국어로 직접 읽을 수 있도록 하고자 했던 위클리프, 틴데일, 얀 후스, 사보나롤라 그리고 토마스 크랜머 등은 화형으로 순교 당했기 때문에 그들에 대한 흔적은 오직 기념비뿐이었다. 그러나 생명의 말씀을 전하고 복음적 신앙을 지켜 왔던 왈도, 마르틴 루터, 잔 낙스, 진젠돌프, 잔 번연, 잔 칼빈 그리고 요한 웨슬리가 남긴 흔적은 전 유럽과 바다 건너 영국, 스코틀랜드까지 산재해 있다.
–프롤로그...
이 귀한 역사와 현장의 기록을 통해 오늘 코로나19 팬데믹으로 초래된 언택트와 뉴노멀로 교회와 성도의 믿음이 속절없이 흔들리고, 무너지는 이 때에 정말로 필요한 도전을 줄 수 있다고 믿는다. 온고지신이란 말처럼, 과거의 뼈저리도록 아팠던 순교자들의 신앙과 믿음을 되새겨주고, 참된 진리와 복음의 온전함을 타협하지 않고 죽음으로 지켜낸 신진들의 삶과 죽음의 역사를 오늘에 되살려주는 봉쏘시개의 역할 또한 기대한다.
–동행자의 글...
핍박을 받는 사람이 세상을 바꾼다. 그래서 환란과 핍박 중에서도 성도는 신앙을 지키고 목숨을 버리지 아니하였는가? 지금 우리는 이 정신이 필요한 시대를 살고 있다. 한국 교회가 우리 나라를 살려야 한다. 그래서 더욱 이 책 〈개혁자의 도전과 열정〉 출판이 간절하다. 부디 이 시대의 개혁자에게 큰 도전을 주는 책이 되기 바란다.
–책을 펴내며...
63230
정가 35,000원
LUTHER 2017
마르틴 루터 종교개혁 500주년을 기념하는 순례기
500장의 사진과 함께 보는 개혁자들의 흔적
개혁자의 도전과 열정
The Defiance and Passion of the Reformers
글 / 사진 이 백 호 목사
by Rev. Baick Ho Lee
MARTIN LUTHER
PCMG KOREA
Pacific Coast Mission Group

빛과 생명의 길

The Way of Light and Life

2024년 6월 2일 초판 인쇄

지은이 이백호 • 이근화 공저
펴낸이 방경석
펴낸곳 PCMG KOREA

등　록 / 제301-2009-172호(2009. 9. 11)
주　소 / 동두천시 장고갯로 131-6
전　화 / 010-3009-5738
이메일 / manban1@ daum.net

ⓒ이상헌 Sang H Lee

Printed in Korea
ISBN 978-89-965527-4-1 03230

정가 45,000원

*잘못된 책은 교환해 드립니다.
*이 책에 사용된 저작물을 사용하려면
저자의 허락이 있어야 합니다.

예수님의 제자

예수께서 그 열 두 제자를 부르사 더러운 귀신을 쫓아내며
모든 병과 모든 약한 것을 고치는 권능을 주시니라(마태복음 10:1)

S. PETRVS 베드로

S. ANDREAS 안드레

S. JACOBVS MAIOR 야고보

S. MATTVS 마태

S. THOMAS 도마

S. IACOBVS 야고보